麦克法兰
现代思想家
丛书

by Alan Macfarlane

[英] 艾伦·麦克法兰 著

梅特兰与现代世界的诞生

F.W. Maitland and the Making of the Modern World

田飞龙 译

深圳报业集团出版社

图书在版编目（CIP）数据

梅特兰与现代世界的诞生 /（英）艾伦·麦克法兰著；田飞龙译．
—深圳：深圳报业集团出版社，2021.8
（麦克法兰现代思想家丛书）
ISBN 978-7-80709-967-3

Ⅰ．①梅… Ⅱ．①艾… ②田… Ⅲ．①弗里德里克·梅特兰（1850-1906）-法学-思想评论 Ⅳ．① D909.565

中国版本图书馆 CIP 数据核字（2021）第 157767 号

出版人、总策划：胡洪侠
特约策划：马 啸
策划编辑：高照亮 孔令军
责任编辑：谭祎波
技术编辑：何杏蔚 吴 琼
校 对：杨 杰 程晓玲 杨铖彦
书籍设计：XXL Studio

梅特兰与现代世界的诞生
MEITELAN YU XIANDAI SHIJIE DE DANSHENG
[英]艾伦·麦克法兰 / 著 田飞龙 / 译

深圳报业集团出版社出版发行
（518034 深圳市福田区商报路 2 号）
中华商务联合印刷（广东）有限公司印制 新华书店经销
版次：2021 年 8 月第 1 版 2021 年 8 月第 1 次印刷
开本：889mm × 1194mm 1/32
字数：150 千字 印张：6.75
ISBN 978-7-80709-967-3
定价：68.00 元

中译本序

从 1996 年至今，我已经 17 次到访中国，目睹了整个国家在各个层面发生的巨变。后世的历史学家回顾人类文明发展进程的时候，会确证中国的改革开放是同英国的工业革命旗鼓相当的变革。

西方有一些伟大思想家在研究世界的现代性转型方面卓有贡献；为了探索东西方正面临的很多新情况，我的中国朋友们经常参阅他们的著作以寻求指引。“麦克法兰现代思想家丛书”正是我对这些伟大思想家研究的结晶，该丛书在中国的出版，也许会有助于中国读者在重塑其世界观的进程中汲取灵感。

在整个学术生涯中，我一直致力于研究英国的个人主义、资本主义以及工业社会的本质和起源，并且就这些相关问题撰写了多部著作。对这类问题，我们可以从历史学和比较人类学的角度来研究，也可借鉴伟大的思想家曾经运用过的那些极具思想性、学术性的方法。站在这些巨人的肩膀上，我们能更深层次地理解我们的过去，指导我们的现在，甚至是预测我们的未来。

因此，在二十世纪九十年代，我开始研究过去三百年来一些伟大的思想家，他们毕生致力于研究上述问题。我在两本长篇著作《现代世界之谜》（2000 年版）和《现代世界的诞生》（2001 年版）中发表了对其中五位思想家（孟德斯鸠、亚当・斯密、托克维尔、福泽谕吉、梅特兰）的详细研究。其篇幅又大，其内容也巨，令西方读者望而却步，更没有机会被翻译成中文。我遂决定再对几位思想家分而研究，并独立出书。又在最初五位思想家之外，新增了两卷内容：一部纵论经济学家和人口学家托马斯・马尔萨斯的思想贡献；另一部横跨数百年，盘点哲学家大卫・休谟以降四位重要思想家的学术理论。

在每本书中，我研究了这些思想家理解现代世界的诞生和发展的方式。他们的研究都超越了各自的时代和文化，找到了更深层次的规律和趋势，以及支配社会和文明发展的规律和模式。他们的个人生活与工作之间的关系我尤为感兴趣，这可以让我了解经验和工作方法怎样塑造了他们的理论贡献。因此，这些书不仅将他们放在当时的时代思想环境中进行横向研究，同时也把他们合在一起进行纵向研究，他们整体就像是在历史车轮中不断前行并通向我们现代社会的旅行者。

《孟德斯鸠与现代世界的诞生》孟德斯鸠（1689—1755）是许多社会科学领域的奠基人之一，具有广博的知识和对学术深沉的热爱与专注。1748 年，他的著作《论法的精神》出版。在此之前，他还有其他著名的作品，包括 1721 年出版的《波斯人信札》。通过对他生活和著作以及不同著作之间联系的同步研究，我们深入孟德斯鸠的心灵。他是全球第一位能够利用世界各地的信息渠道来完成自己作品的伟大思想家。

《**亚当·斯密与现代世界的诞生**》亚当·斯密（1723—1790）是现代经济学的三位奠基人之一，其余两位是马尔萨斯和大卫·李嘉图。然而，他不仅仅是一个经济学家，对其他领域也颇有研究，是一个真正的多面手，还是哲学家大卫·休谟的密友。想要了解他，不仅要研究他著名的《国富论》（1776年版），还要看他的《道德情操论》（1759年版）、《法理学讲义》（1982年版）和《哲学随笔》（1982年版）。将生活和工作结合在一起研究，我们能看到这个人是如何果断地塑造了我们的现代世界，并且为当今世界的富庶绘制了蓝本。

《**托马斯·马尔萨斯与现代世界的诞生**》托马斯·马尔萨斯（1766—1834）是现代经济学的三位奠基人之一，其余两位是亚当·斯密和大卫·李嘉图。他也是现代人口学（人口研究）的创始人。马尔萨斯于1798年出版《人口论》，又在1803年再版时极大地扩展了内容，使之焕然一新，其间提出著名的"人口定律"，后来被修正为"人口趋势"。这本书不仅在经济学和社会科学的理论讨论中反响巨大，而且对19世纪初的立法实践和大英帝国的统治政策造成深刻影响。他的理论也是阿尔弗雷德·罗素·华莱士和查尔斯·罗伯特·达尔文之自然观念的关键理论来源。

《**托克维尔与现代世界的诞生**》亚历西斯·德·托克维尔（1805—1859）是有史以来最伟大的政治学家之一。他的《论美国的民主》（1835年版、1840年版）和《旧制度与大革命》（1856 年版）都是经典之作。然而，他的作品理解起来并不容易，需要结合他的论文、信件、旅行日记和其他材料。通过对所有这一切的考察，我们可以看到，托克维尔比其他思想家都更了解个人主义、平等和博爱的深层根源，并在此过程中理解现代世界的起源。他对法国、英国和美国的“三重比较”更是独树一帜，发人深省。

《福泽谕吉与现代世界的诞生》福泽谕吉（1835—1901）可以说是过去三个世纪中日本最伟大的社会思想家。在《文明论概略》（1873 年版）和《福翁自传》（1899 年版）等许多书中，他概述了他的许多想法，包括提高妇女地位等。通过倡议建立书店、大学、现代会计制度和现代制造业，他成了现代日本的主要设计师之一，也因此他的形象长期出现在日本最高面额的钞票上。他通过在西方旅行和阅读西方哲学书籍，发现了文明和现代的秘密，并向他的同胞们阐明了这一点。

《梅特兰与现代世界的诞生》弗里德里克・威廉・梅特兰（1850—1906）有时只被认为是一位伟大的英国法律史学家。然而，他出版的三千多页的论著［包括他与 F. 波洛克合著的《英格兰法律史》（1895 年版）、三卷本《论文集》（1911 年版）、《英国宪法史》（1919 年版）等］，向我们证明了他应与托克维尔等人享有同等地位，是有关现代世界诞生的理论研究影响最深远的思想家之一。梅特兰用精炼的文字，阐释了关于信托、公平、政府和英国普通法等伟大传统，解释了成功的民主与资本主义的经典体制是如何在英国和当时的美国建立起来的。

《现代世界建立的四种途径》（2018 年版）在 18 世纪以

来影响艾伦·麦克法兰作品的数十位西方思想家中，我选出了四位代表。18世纪启蒙运动时期，有哲学家和历史学家大卫·休谟；19世纪有亨利·梅因爵士，他既是律师也是比较人类学家；在1920—1950年，有韦伯主义社会学家诺曼·雅各布斯，他在日本、中国和西方之间进行了比较；在20世纪下半叶，有身为哲学家、社会学家和人类学家的欧内斯特·盖尔纳。

我很高兴这套丛书能在中国的深圳出版。我曾多次到访深圳，它现在是一座美丽的城市，有很多的图书馆、研究机构和高科技企业以及超前的城市规划。我觉得深圳就是未来世界的样子：它是一座未来之城。

艾伦·麦克法兰

2019年9月，伦敦剑桥

致谢

和很多书一样，这套丛书也是集体劳动的成果，我要对在编著过程中帮助过我的人们表示感谢。感谢安德鲁·摩根（Andrew Morgan）和哈里·皮特（Harry Pitt），他们是我以前的老师，正是他们启发了我对启蒙运动最初的兴趣。感谢佩妮·郎（Penny Lang）对这套丛书许多版本进行了文字录入、检查和注释。感谢艾丽斯·麦克法兰（Iris Macfarlane）对书稿的多次审阅。约翰·戴维（John Davey）读了两遍打字稿，感谢他一贯给予我激励。塞西莉亚·斯卡拉·埃尔哈特（Cecilia Scurrah Ehrhart）对脚注进行了仔细检查。莉莉·哈里森·布雷克利（Lily Harrison Blakely）的出生给予我写作的灵感。此外，我还要感谢东京大学，特别是船曳建夫（Takeo Funabiki）教授，在他资助的一个假期中，我得以忙中抽闲重写了本丛书的部分内容。感谢玛丽莲·斯特雷森（Marilyn Strathern），感谢她的再次庇护使我免受行政压力，以及感谢她的英明领导。感谢彻丽·布莱恩特（Cherry

Bryant）对书稿内容的多次审阅和校核。

最衷心的感谢，我要留在最后表达。感谢格里·马丁（Gerry Martin），多年来他一直是给予我支持和启发的源泉。他多次审阅了文本，我们有过充分的讨论，从许多方面来说，这套丛书是与他合作的成果。我还要感谢希尔达·马丁（Hilda Martin）所给予的友谊、鼓励和支持。最后，要感谢萨拉·哈里森（Sarah Harrison），感谢她一如既往地尽其所能给予我的巨大帮助，她对篇章结构的多次审阅使得书稿精简了四分之一的冗余内容。这套丛书同样是与她合作的结晶。

引用、参考文献的说明

本丛书所用材料大部分来自其著述者本人。我试图让他们来讲述自己的思想，因而在书中大量引用其原著，这样做或许会影响到整体的写作风格，但我希望，著述者本人各种真实的思想能丰富论证的内容。

脚注引用使用缩略标题和页码，通常的注释格式是作者、短标题、卷数（如果引用的文献分卷，则以大写罗马数字表示卷数）和页码。作品的完整标题附于本书结尾部分，并附有脚注中使用的常用缩略语列表。

如果一个段落中有几处引文取自同一作者，则在最后一处引用时列明出处。

目录

梅特兰主要著作简录

刑事诉讼：《格劳塞斯特刑事诉讼》，1884 年版

历史：《爱德华一世以前的英格兰法律史》，与波洛克爵士合著，初版于 1895 年出版，剑桥第二版于 1923 年出版；剑桥第二版 1968 年重印本新增了密尔松题写的前言

地区：《区与自治城市》，剑桥 1898 年版

罗马教会法：《英国国教中的罗马教会法：六论》，1898 年版

政治：《中世纪政治理论》，奥托·基尔克（Otto Gierke）著，梅特兰翻译及作序，剑桥 1900 年版

衡平法：《衡平法也是普通法诉讼形式：两门讲座课讲义》，剑桥 1909 年版

选集：《梅特兰选集》，费舍尔编，剑桥 1911 年版，3 卷本

宪法：《英格兰宪制史》，剑桥 1919 年版

末日审判：《末日审判书及其他》，剑桥 1924 年版

论文集：《历史论文集》，海伦·卡姆编，波士顿 1962 年版

书信集：《梅特兰书信集》，法富特编，剑桥 1965 年版

书信二集：《梅特兰书信集》（卷二），祖特施编，塞尔登协会 1995 年版

诉讼形式：《普通法诉讼形式》，蔡特和惠特克编，剑桥 1968 年版

1 现代世界之谜

从整个人类史及所有其他地区人类文明视角来看，过去三百年在地球上发生的事情是异乎寻常的。一种史无前例的新文明形式出现了，包含着一系列新的组织原则。所有其他的文明都曾建立在一种制度等级制的原则之上。存在一种严格的纵向等级制，有某种分层形式，通过社会阶层之类的形式整合起来。这种等级制是与生俱来的，提示人们身处何处，如何行事，如何生活。对这些前提的推翻正是过去三百年间发生的事情，而无政府状态总体上并未随之出现。托克维尔分析过，这是朝向平等的一种趋势。这些事件提出了三个重大问题：这样一件打破等级制的奇事是如何发生的？某种不建立在等级制基础上的文明如何运作？平等的人们如何联合在一起，既避免落入原子化的混乱状态，又避免将他们的自由牺牲给某种形式的专制政府？

换一种视角，该问题还可根据团体主权之丧失来认知。在漫长的人类历史上，人们总是依附于团体而生存，但如今第一次出现了个人独立面对团体的世界。这通常被视为现代自由的典范。这里再次提出了两个问题：这样一种奇怪的状态是如何出现的？一旦出现又是如何运作的？过度的原子化必然带来社会制度的崩溃。这是十九世纪人类学与社会学的一个重大疑难问题，催生出一系列著名理论。

然而这种史无前例的社会秩序不仅运作起来了，而且至少在物质层面运作得很好，那些首先发展出这种秩序的地区，如荷兰、英格兰及随后的美国和其他西欧国家快速成为全世界最富裕和最有权力的地区，从而开始主导并扩展这一制度体系。如今这种制度或者模仿这种制度的地方性努力已笼罩整个世界。

也许有人可以用一种稍微不同的方式来讲述这个成功的文明故事。人生追求可划分为四个主要领域：对权力的追求（政治），对财富的追求（经济），对拯救与意义的追求（宗教），对社会关系与两性亲密关系的追求（亲属）。在事物的正常状态下，这些领域融贯为一个整体，基于某个领域主导性的神圣整体，其他部分则处于从属地位。部落社会提供的是亲属关系的主导性或基础结构。印度和伊斯兰是宗教主导型的，传统中国是亲属伦理型的（儒家），古代欧洲政体是通过亲属血缘政治建立起来的。现代性的独特之处在于不存在制度性的基础结构，或者即便存在，也是通过“自由”市场经济的非人格化、语境化及契约化的压力机制建构起来的。这一经济类型的竞争性与个人性是众所周知的。但未被很好理解的是，这种经济是建立在信任（trust）伦理基础上的，舍此则不能运转。

有人会再一次发问：这样一种各领域相互分离又互为制衡

的事物状态是如何发生的，以及一旦占据主导性之后又是如何可能有序运作的。仅依靠“看不见的手”（invisible hand）相互维系的人们必然很快意识到纯粹的工作与交易领域不能提供社会联合的充分基础。无论如何，每个领域主导其他领域的那种掠夺性趋势是如何被约束的，以及更进一步，当每个领域都被假定自治并自我夸耀其自由时，不同的领域之间又如何整合？例如，宗教如何置身于家庭关系之外，或者亲属关系如何置身于经济之外？这些正是梅特兰及更早期启蒙思想家们讨论的主题。

获取并长期维持这样一种平衡是非常困难的。在人类历史上常见的是，某一个或两个领域联合主导型秩序可以很快出现，某种形式的古代政体就是这样建构起来的。甚至在二十世纪，西方那些以右翼（法西斯主义）和左翼（共产主义）这两大意识形态为名而工作的人在努力地将某个至尊掌权者与国家或政党相结合方面达成一致。众所周知的是，他们未能将人性真正回溯到一个未分化的世界，其中所有人的自由及真正的平等已然消逝。具有现代性的政治制度是极其不确定和短暂的。

假如这种关于现代性的生硬而略显粗糙的特征化是正确的，它就提出了已经提及的两个谜题。这种事务状态——率先显著出现于荷兰及英格兰，在那里自由、平等（某种形式上）和财富以全新的方式得以组合——是非同寻常的。首先，这种现象从历史及比较视角来看是独特的；没有哪一种大型的文明曾经基于这些原则而运转数个世纪。其次，很难看出这样一种文明是如何出现的。通常是随着财富增加，张力之平衡以或此或彼的方式起伏。某个领域，或许与另一领域相结合，开始占据主导，同时几乎必然导致团体对个人的主导。这是过去常发生的事情，但第一次，这种事情不再发生了。这种令人震惊的例外是怎么出现的？是什么导致它不仅可能，而且实际发生了？与此相关且困扰了从孟德斯鸠到涂尔干的诸多伟大思想家的一个问题是：什么使得这样一个体系整合运转？[1]如果亲属关系被限制进入市场，上帝被赶出市场，国家被禁止干预市场，那么人们如何抑或为何会联合起来有效工作呢？这些是直到十九世纪中期仍未获得回答的两个重大问题。

我们可以将这两个关于现代性的问题称为历史性问题和功能性问题。历史性问题基本上是这样的：现代性的独特性——平等、自由、个人主义以及基础性支配的缺失——在何时、如何以及为何首次发生？一旦这样一种文明出现，而且一旦它显示出能够产生财富和权力，它很快就会被竞争追赶，其扩散也就不是什么问题了，尽管“它是如何发生的”这点更富启发性。第一个例子是非常令人困惑的，吸引了启蒙以来的诸多伟大心灵的思考。当然，功能性问题也同样难以解决，它是这样一个问题：该种体系是如何运转的？它是如何可能提供一种平衡的：既赋予人们一种联合起来有效工作的能力，又不损及他们自身的自由与个性？“身份”（status）在将文明提升至更高水平方面曾经非常有效，但它又逐渐被证明为太过压抑而无法催生“现代性”。至于传统智慧，指的是以“契约”（contract）抑或劳动分工提供答案，显然也是不让人满意的。

1　我已在《现代世界之谜》（*The Riddle of the Modern World*）中分析过孟德斯鸠及其他思想家关于这一问题的观点。

人们就像处于一个传送带上一样，仅仅因为功能性相互依赖而联合起来，在特定情形之外就缺乏足够激励来产生合作行为了。“契约”，至少就其纯粹或理论上的形式而言，是直接、理性和非人格的，在许多情形下也是暂时的和相互性的。因此，“契约”就其本身而言不足以作为有效团体行动的充分基础。从而，十九世纪社会学的传统智慧、从身份到契约的运动、从机械性团结到有机性团结以及从共同体到个体，这些解释方案都不能完全令人满意。

如果我们以如下略显不同的话语重新表述这一谜题，该问题就得到了深化。人们为了实现各自的目标，必须加入一个社会契约（social contract）。这是托马斯·霍布斯（Thomas Hobbes）的主要观点：为了克服狭隘的私人竞争及一切人对人的战争，人们有必要放弃某些权力并分配给统治者。与树立一个国家相比，早期社会更通常的是建立一个亲属血缘团体，我们称之为部落阶段。随着国家制度的出现，人们通常依据更多的亲属血缘团体完成政治建构，通过宗教（等级）或国家等级（儒家，中国）加以重新编组，这样可以整合更广泛的团体，但仍然维持着他们的亲属血缘基础。这一切的核心就在于，这些制度建立在血缘身份基础之上。霍布斯的设想完全不同，纯粹诉诸契约，不是基于宗教抑或亲属血缘，而是基于世俗和个体。霍布斯体系认为，人们单纯依赖对国家的忠诚系统而联合起来，唯一的从属性团体就是国家特许下的公司社团。

那些历史上率先出现的大型文明体在将血缘身份团体整合入强大国家时倾向强化身份团体、等级与亲属关系。印度和中国的大部分历史大体符合这一类型。另一种形式的变体，我们通常称之为古代政体，在某种意义上是不同的。那里存在功能性界定的血缘身份——农民、贵族、资产阶级和僧侣——但与这些团体并立的还有许多带有契约流动性的团体。这些契约型团体不是基于天赋身份（共同体内的社会等级或家庭），而是由国家承认及许可存在的。因此，一切有意义的团体，要么是源自天赋的，要么是源自国家之权力授予的。

在这样的社会结构中，随着财富的增加，它会自动加强该体系的组织机构。部分财富会流向基于出身的机构团体，无论是基于亲属血缘还是宗教，从而强化亲属血缘关系与等级关系。部分财富会用于强化职业性或等级身份性的分层，比如在工人、牧师与武士之间。部分财富会用于加强国家的力量。这里的每一个制度化等级都会对财富创造者投去嫉妒的一瞥，他们会尽可能地对后者创造的剩余价值进行分食掠夺，无论后者是农民、商人抑或工匠。

在这些事件的常规进程中，某种有效率的体系开始变得过于僵化。一切设立非血缘性团体的努力都被视为对亲属血缘关系或国家的威胁。宗教通常而言提供了一种有成就的替代选择，但就其本义绝非意味着过度介入财富生产。等级制的一般趋势，无论是基于惯例仪式、阶级、亲属血缘抑或政治势力，都在随着时间推移而增强。因此，在这样的体系中，财富和新技术趋向于充实或哺育既已存在的社会结构。

那么，某些不同的机制到底是怎么出现的，从而既不落入过分强大的血缘团体或集权政治体系之中，也不落入过于碎片化和私人化的霍布斯世界之中？文明体如何避免身份的“斯库拉”（Scylla）[1]及契约的“卡律布狄斯”（Charybidis）[2]？显然，正道在于身份和契约的某种完美结合；身份的情感性、情绪性纽带与契约的灵活性及效率性共同熔铸成某种新的东西。这种新的安排必须允许某种新组织形式的出现，该形式有着不寻常的特性。

从而，到1870年代时，这种问题日渐成为焦点。西方确实变得与众不同，缺乏基础整合性结构，领域分离带来深刻的内在矛盾。局外人也能提及这一点。世界历史上没有哪一种文明与此类似，它与西方如今面对世界的财富、生产力及权力有关。故它是如何发生及如何运作的呢？答案似乎就在英格兰的历史之中，1870年代英格兰正是主导性的帝国强权。在英格兰，关于该体系如何运作这个问题的答案似乎存在于原生机构的某种替代形式之中，亦即存在于多元的想象共同体而不是实际共同体之中，不限于民族本身，而是公民社会中所有的想象与发明的共同体。

*

正是在1870年代，在争取剑桥大学三一学院教职的努力中，一个名叫弗里德里克·威廉·梅特兰（Frederic William Maitland）的年轻学者提交了一篇资格论文，题目是《从霍布

1　译注：希腊神话中吞吃水手的女海妖，有六个头十二只手，腰间缠绕着一条由许多恶狗围成的腰环，守护着墨西拿海峡的一侧。

2　译注：希腊神话中制造漩涡的男神，与斯库拉一样对航船及水手造成威胁。

剑桥大学三一学院

斯时代到柯勒律治时代关于自由、平等作为英国政治哲学观念的历史概要》。他在25岁时自费出版了这一作品。[1]在这一长篇杰作中，梅特兰概述并分析了自己作品诞生之前两百年里大量关于“自由”的最伟大的思想，包括霍布斯、洛克、休谟、亚当·斯密、卢梭、康德、柯勒律治、密尔及其他人的作品。梅特兰的核心主题在于，个体到底是以什么样的方式被嵌入更广泛的团体之中的。通过在其早期作品中概述这些哲学问题，我相信梅特兰关于英国历史档案的后期作品将允许他重新审视现代自由是如何出现的。他审视了封建时期以来国家与公民的关系、盎格鲁-撒克逊（Anglo-Saxon）起源以来共同体与个体的关系以及家庭与个体的关系。

梅特兰试图揭示，从很早开始，英格兰就存在一种独特的个人自由，特别是在财产与权力的关系上。与和他同时代的大部分人包括亨利·梅因爵士（Sir Henry Maine）不同，梅特兰不喜欢这样一种观念：所有社会都存在从共同体（身份）向自由结社（契约）演化的运动。他发现了从盎格鲁-撒克逊时代以来就一直存在的基本自由及个人主义。因此，他认为自由及行动自由确实是奇妙的英国社会结构之核心特征，而在他的时代，这一特征正向全世界扩展。那么，如果个体不是以通常方式被嵌入更广泛的团体的，作为第二种重大团结性力量的等级制又当如何呢？

1 在《梅特兰选集》（*Collect Papers*）中该文作为第一篇获得重印。自由在线图书馆有全部三卷本的电子资源：http://oll.libertyfund.org/Home3/BookToCPage.php?recordID=0242.03.

大体上，梅特兰吸收了托克维尔（Tocqueville）的核心论题，即平等与不平等的性质和内涵问题。他揭示的是，英国法律与社会结构的性质就是如此，从来如此，因而并不存在基于出生的什么继承性的差别。所有差别，无论是社会等级、亲权抑或性别都是契约的结果，或者如现代社会学家们所言，是成就（achievement）的结果，而不是社会归属（ascription）的结果。他展示了一幅有历史档案以来富有竞争性及流动性之社会结构的图景。他意识到所有这些都是不寻常且非常重要的。

不过，在花费大量精力分析自由、平等如何发展及运作的细节并揭示出绝大部分关于从身份到契约的理论都是对事实的严重及过分之简化后，梅特兰在其晚年遇到了一个严重的困难。如托克维尔所意识到的，假如人们不是依据天赋身份实现联合的话，又是什么实现了这一联合呢？人们又怎样一致从事共同事务并保护自身免受国家侵害呢？这也是孟德斯鸠和亚当・斯密提出的问题，但这三位大思想家都未能设想出一种解决方案。我相信梅特兰在其关于公司和信托的论述中发现了一种答案，但直到今天仍被人们在实践上忽视。[1]

梅特兰阐发的另一个问题关注的是英国不同于大多数欧陆邻邦的原因。他在这里放大、扩展并记录了托克维尔及其后继者们的洞见，即英国作为一个岛国是关键性事实。岛屿

1　在本书完成之后我发现了一个例外，即大卫・朗西曼（David Runciman）的《多元主义与国家性格》（*Pluralism and the Personality of the State*）（剑桥1997年版），其中第五章及第66—70页提供了对梅特兰部分作品之法律背景的详细分析，并讨论了信托与公司问题。

性（islandhood）有着诸多后果，梅特兰探索了其中一部分，关涉权力平衡的张力，以及封建制的特殊形式和议会制的发展。其中一个特别吸引梅特兰的显著例证就是法律亦即英国普通法和衡平法的发展，成为一种对泛欧陆罗马法复兴的对抗。另外一个刺激其好奇心的主要特征是存在一种“变之不变”（a changing same）的机制，亦即同一时段内连续性与变化性并存。他对伴随连续性之变化的微妙主张，避免了大多数的常规陷阱，提供了一种非进化论与非革命论的历史路径。

因此，截至其不虞仙逝的 56 岁时刻，梅特兰已经提出了一个闪亮的思想概要，用以解释英国（也包括美国）文明的本质及其维持自由、平等及友爱之平衡的机制。令人惊奇的是，他的结论与视角，仅保留于技术性的法律史家那里，却在更宽泛的历史学家圈子和普通公众那里遭到遗忘。我自己也不记得在 1960—1966 年长达六年的牛津历史学教学中提过他。这是一个很好的例子，可以被那些讨论范式转换的人所考虑，即高质量的早期知识是如何被悄然遗忘的。[1]

1　不过梅特兰并未被完全遗忘。2001 年 1 月 4 日，梅特兰成为首位在威斯敏斯特教堂（Westminster Abbey）之“诗人角”（Poet's Corner）享有专属纪念牌位的专业历史学家，从而在学术上得享不朽之地位。

位于威斯敏斯特教堂的梅特兰纪念石

伦敦吉尔福德街

2 梅特兰及其理论方法

梅特兰是谁，他有什么样的机会来解决现代世界之谜题？梅特兰1850年5月28日出生于伦敦吉尔福德街53号。他受教于伊顿公学和剑桥大学三一学院。那时的剑桥大学文学士荣誉学位考试（tripos）没有法律或历史学位，因此梅特兰是从修读数学开始的。他大学第一年考得很差，据他自己讲述，“无聊本科岁月中的突发奇想”促使他在三一学院的第二年走进了亨利・西季威克（Henry Sidgwick）的讲座教室。[1]他转向修读新的道德与精神科学荣誉双学位，结果是十八个月之后他这两科的期末考试成绩均为第一名。他是剑桥大学学生会主席，活跃的蓝调（blues）爱好者，“周日远足狂”（Sunday tramp），以及像之前的亨利・梅因一样，是一个“基督使徒”（apostle）。

那时对梅特兰思想产生主要影响的是亨利・西季威克，

1 McFarlane, "Mount Maitland" .

梅特兰像

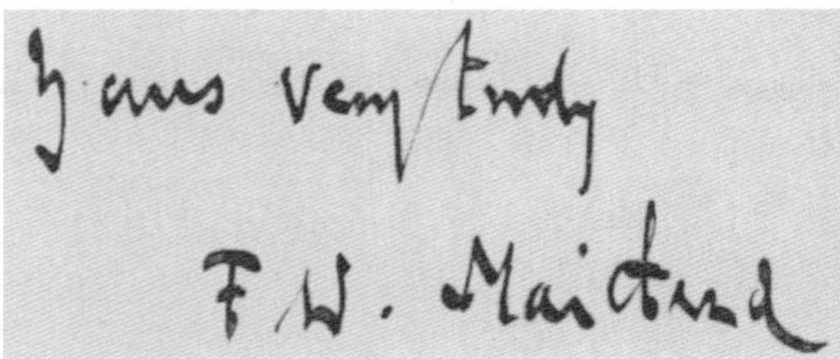

梅特兰签名

而西季威克又是约翰·斯图亚特·密尔（John Stuart Mill）的一个信徒。从西季威克那里，梅特兰吸收了不可知论（agnosticism），热爱上了密尔与托克维尔共同分享的自由和平等。如我们所见，梅特兰的资格论文考虑了与孟德斯鸠及托克维尔一样的主题，并用数页篇幅讨论了亚当·斯密关于经济学上自由放任（laissez faire）的论点。因而到其毕业离开剑桥时，梅特兰的兴趣显然在于哲学尤其是政治哲学的启蒙传统。诚如普拉克内特（Plucknett）所言，“梅特兰的雄心在于享受作为政治科学家的一种学术生涯”，而正是作为一名“失意哲学家”，他才奔赴伦敦的。[1]这一点是重要的，不仅仅因为他“将一种在更宽泛哲学空间里检验过的心智带入了法律”，更因为这还帮助我们认识到他在最后十年里确实以另一种形象重返哲学了。他对基尔克的翻译及对公司社团与信托的学术创作——我们后面会具体审视——“召唤回了他对政治哲学的早期兴趣”。[2]

梅特兰竞逐三一学院教职的失败迫使他调动，搬往伦敦。他与姐妹们一起住在肯辛顿（Kensington），在律所干了七年。他的法律实习是在后期的职业化过程中完成的，尽管他已经是一名享有盛誉的好律师了。作为律师办公室的学徒，他的导师很久之后写道：“他跟我不到一周我就发现这是我办公室里从未有过的律师。或许我曾知晓，但我已忘记他到底是从哪里以及如何掌握法律的；他肯定不是在律师办公室里掌握的；他

1 Plucknett, "Maitland", 184—185.

2 Plucknett, "Maitland", 191.

一进入这里就成了一名完美的律师。”[1]他与弗吉尼亚·沃尔夫（Virginia Woolf）的父亲莱斯利·斯蒂芬（Leslie Stephen）成了密友，后来写了传记《莱斯利·斯蒂芬的一生》。他与斯蒂芬的妹妹弗洛伦丝（Florence）成婚。

显然，梅特兰希望重返学术生涯，继续探索哲学。他离开剑桥后的首部作品是1879年为哲学杂志《心智》（*Mind*）撰写的关于贝尔福（A.J.Balfour）《为哲学质疑辩护》（*A Defence of Philosophic Doubt*）的评论。他还于1883年在同一杂志上发表了两篇关于赫伯特·斯宾塞（Herbert Spencer）《理想国家》（*The Ideal State*）及《平等自由的法》（*The Law of Equal Liberty*）的学术评论。[2]这样的学术兴趣或许正是哲学家亨利·西季威克1884年帮助梅特兰在剑桥获得一个讲师（readership）职位的理由之一。那是一个有纪念意义的年份，梅特兰同年在公共档案馆（The Public Record Office）发现了英国史原始材料的巨大资源财富。[3]这些材料对他探索关于自由和平等起源的那些问题起了很大作用，他在三一学院的论文中已有涉足，而前辈们则因缺乏信息材料难以进行细节探讨。因而他的第一部实质性作品就是《格劳塞斯特刑事诉讼》（*Pleas of the Crown for the County of Gloucester*），是题献给保罗·维诺格拉多夫（Paul Vinogradoff）的。他把这些材料描述为：“一幅真实图景，因为没有什么虚构技艺进入其制作

1 Quoted in McFarlane, "Mount Maitland".

2 Hudson（ed.）, *History*, 262—263.

3 有传言是保罗·维诺格拉多夫（Vinogradoff）引导其接触这些文献档案，对此的矫正考察参见Plucknett, "Maitland", 186.

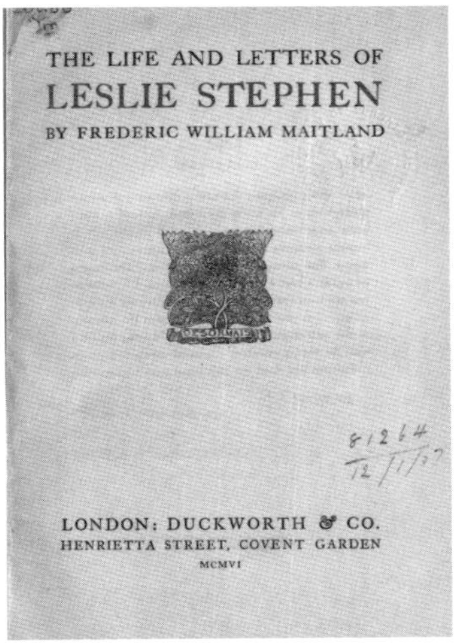

THE LIFE AND LETTERS OF
LESLIE STEPHEN
BY FREDERIC WILLIAM MAITLAND

LONDON: DUCKWORTH & CO.
HENRIETTA STREET, COVENT GARDEN
MCMVI

《莱斯利·斯蒂芬的一生》

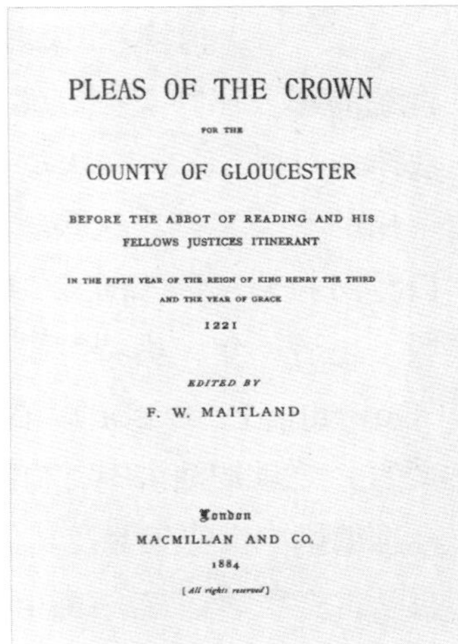

PLEAS OF THE CROWN
FOR THE
COUNTY OF GLOUCESTER
BEFORE THE ABBOT OF READING AND HIS
FELLOWS JUSTICES ITINERANT
IN THE FIFTH YEAR OF THE REIGN OF KING HENRY THE THIRD
AND THE YEAR OF GRACE
1221

EDITED BY
F. W. MAITLAND

London
MACMILLAN AND CO.
1884
[All rights reserved]

《格劳塞斯特刑事诉讼》

过程，也是十三世纪早期英国生活的写照……我们能把握住显示了绝大部分关键因素的政治肉身，因为这些材料是被深刻记录的，政治灵魂通常不易察觉，而地方政府与警察的体系则历历在目……”[1]这些正是托克维尔关切的领域，他认为这些领域恰是英国政治结构中最具特色、最重要且最不平凡之所在。

三年后，梅特兰出版了一部案例选手稿，这些案例是十三世纪的伟大律师布拉克顿（Bracton）撰写其论文《英格兰的法律与习惯》（*On the Laws and Customs of England*）时搜集和运用的有关案例。这些材料是维诺格拉多夫发现的，1887 年以《布拉克顿注释集》（*Bracton's Note Book*）为名分三卷出版。之后一年，梅特兰被遴选为剑桥大学的英国法唐宁教授（Downing Professor）。在其题为《为什么英国法律史是不成文的》[2]之就职演讲中，梅特兰解释了在法律史成文之前以最高标准编撰中世纪年鉴及其他法律资源的极端重要性。这是一个自学古文字学且有法律知识经验基础的人，如今看到了机会所在。他发现了大量的档案库存，所有这些材料都与前辈学者们指出过但尚未解决的问题有关。他确信“囤积无益”，因而建立了塞尔登协会（The Selden Society）来出版中世纪档案。

多卷本详尽的法律档案随后出版，包括梅特兰的《刑事诉讼案例选》（*Select Pleas of the Crown*,1888）和《庄园及其他领主法庭案例选》（*Select Pleas in Manorial and Other Seignorial Courts*,vol.i,1889）。他也与贝尔登（Baildon）合作，一起

1 Maitland, *Pleas of Crown*, Ⅶ.

2 Maitland, *Collected Papers*, I, 480—497.

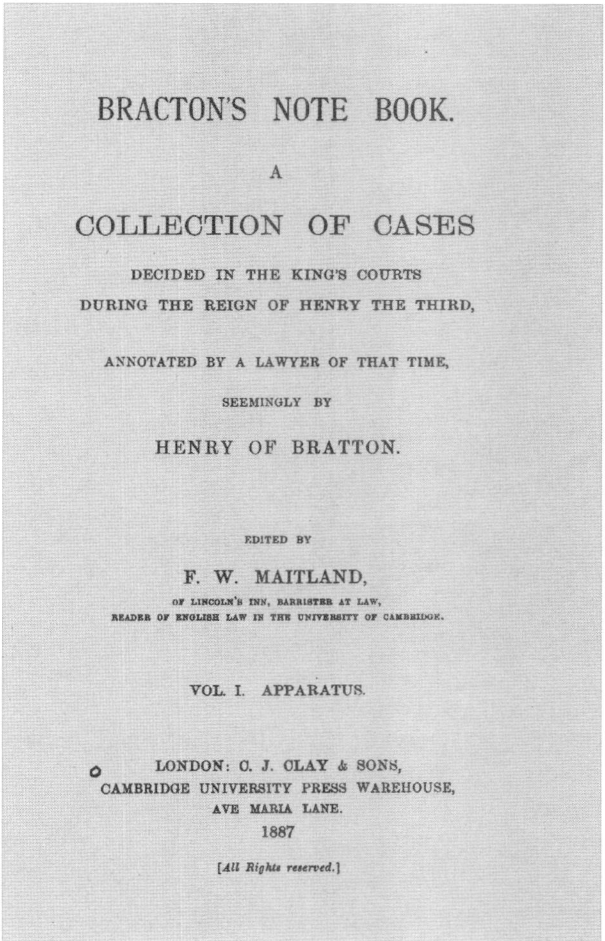

BRACTON'S NOTE BOOK.

A

COLLECTION OF CASES

DECIDED IN THE KING'S COURTS

DURING THE REIGN OF HENRY THE THIRD,

ANNOTATED BY A LAWYER OF THAT TIME,

SEEMINGLY BY

HENRY OF BRATTON.

EDITED BY

F. W. MAITLAND,

OF LINCOLN'S INN, BARRISTER AT LAW,

READER OF ENGLISH LAW IN THE UNIVERSITY OF CAMBRIDGE.

VOL. I. APPARATUS.

LONDON: C. J. CLAY & SONS,

CAMBRIDGE UNIVERSITY PRESS WAREHOUSE,

AVE MARIA LANE.

1887

[*All Rights reserved.*]

《布拉克顿注释集》

保罗·维诺格拉多夫（Paul Vinogradoff）

给塞尔登协会编撰《男爵法庭》（*The Court Baron*,1889），给劳尔斯协会（The Rolls Society）编撰《议会备忘录》（*The Memoranda de Parliamento*,1893），同时监督其他人的编撰工作。这样沉浸于早期法律世界，加上对于欧陆学术的广博知识，使他处在了从更宽泛视角审视英国法律与政治的理想位置。他能够阅读理解法文、拉丁文及希腊文，早年的教育让他能够特别流利地使用德文。这一点很重要，因为在他那个时代，在比较法与法律史方面的主要进步大多是在德国发生的。梅特兰开始从事对萨维尼罗马法主要作品的翻译工作，尽管最终并未完成，他还从德文翻译并出版了基尔克《中世纪政治理论》的部分内容。1895 年，梅特兰出版了其重要的杰作《爱德华一世以前的英格兰法律史》，篇幅超过 1300 页。该书尽管经过两次编辑之后以"波洛克和梅特兰"两人名义合署，事实上梅特兰撰写了除第一章之外的所有章节的内容。他在该书中综合了他及其他人相关细节研究的所有成果，就像他在其他作品中做的一样：1897 年初版的《末日审判书及其他》、1898 年的《英国国教中的罗马教会法：六论》、1898 年的《区与自治城市》以及 1901 年的《英国法与文艺复兴》。

他同样撰写了大量的文章及学术评论，其中有许多发表于费舍尔编辑的三卷本《梅特兰选集》（1911年版），篇幅长达1500页。未收入这一选集的其他文章则由海伦·卡姆（Helen Cam）编辑出版于《梅特兰历史论文选》（1957年版）。他的讲座非常精致典雅，后被分三个系列逐字校对出版。第一个是《英格兰宪制史》（1908年版），曾在1887年的圣米迦勒节（Michaelmas）及1888年的大斋节（Lent）上宣讲，当时他

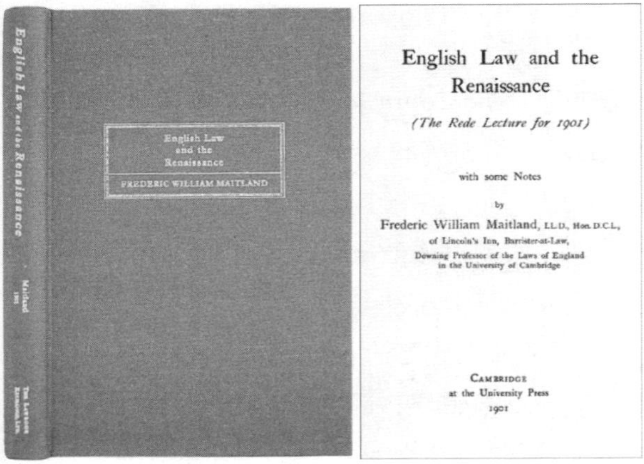

《英国法与文艺复兴》

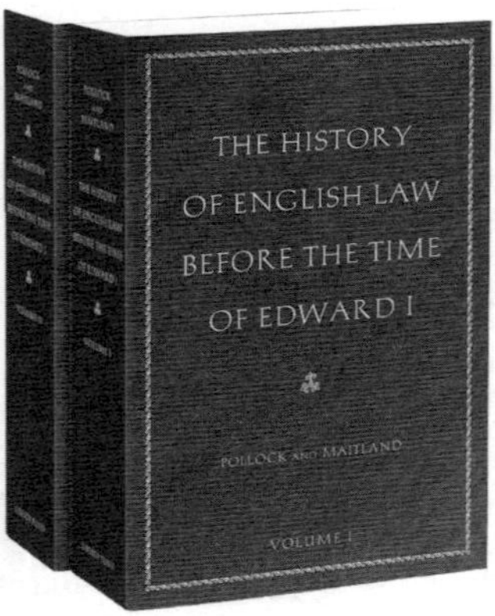

《爱德华一世以前的英格兰法律史》

还没有接手唐宁学院教授的席位。这一作品包含了随后纳入《英格兰法律史》的某些研讨性观念，同时也包含了“若干新颖且原创性的观念，梅特兰在其后期作品中不再有机会详述……”[1]梅特兰于1892—1906年间在剑桥开设衡平法的讲座课程，这些讲座文稿也已出版，就像他的另外七场讲座以《普通法诉讼形式》为名出版一样。

因此，梅特兰作品篇幅总量超过了 5000 页，其中很多内容是非常详细的。更不可思议的是，他从 1888 年才正式开始这项工作，而且是与行政及教学工作结合起来的。为了更恰当地理解他的成就，我们需要将其教学语境、唐宁学院教职及大学教授职位纳入考虑范围。

从其书信之中我们能够瞥见其工作方法。他是从其作为全职教授的角度来描述他所承受的其他方面压力的。1890年2月16日，他写道：“我现在正处于最忙碌的学期中间，每天都有讲座；但这种忙碌中心的状态就要过去，我正要开始寻找更轻松和更惬意的职业。”[2] 1905年10月22日，他仍然“每周教学6个小时”，但“很乐意在这里待到11月份——我很高兴”，而不是非得离开并赶往加那利群岛（Canaries）。[3]下一年他就去世了。除了承受教学和行政的压力之外，他的时间主要花在了在公共档案馆里搜集并复印原始材料上。1889年6月，他写信探讨了编辑议会请愿书的可能性。他列出了发现这些

1 Fisher in Maitland, *Constitutional*, VI.

2 Maitland, *Letters*, 80.

3 Maitland, *Letters*, 449.

请愿书的实际困难，设想他自己“每天只能抄录五六份请愿书”，而他自己“每年能用于公共档案馆的时间不可能超过两个月”。因此这就需要耗费他五六年时间才能抄录出编辑一卷作品所需要的文献数量。[1]

他所处理之文献材料的压倒性价值、迷人色彩及实际难度在其讲座之中就如同在书信里一样被很好地描述出来了。1902年，贝尔福向他提供了钦定历史学教授的席位，他拒绝了。他给贝尔福的正式理由是：“我有时不得不干很少量的工作，每年冬季我需要离开英格兰数月。我已两次提出辞去现在的教授职位……”[2]但还是有其他理由的，他在参加完接受这一职位的伯里（J.B.Bury）的就职仪式后作出了解释：“现代史钦定教授被期待对全世界发言，纵使我有向全世界发言的任何内容，我也不认为我喜欢高朋满座和灯光聚焦。”这再次显示了他沉默低调的性格，不过接下来的一句话却展现了他的真正激情所在：“所以我返回研究那些年鉴。它们确实是令人惊奇的。我每天耗费数小时复印及翻译它们，而我即便能活到玛士撒拉（Methusalem）[3]的高寿，我也只能掌握到皮毛——不过如果我能够多活一两年，我将会成为实际诉讼中的‘熟手’（dab）。这是一种如国际象棋一般的精彩游戏，但却不似后者那样是世界性的。揭示其中的谜团是一件快事，我认为这不同于将古代喜剧翻找出来。”[4]

1 Maitland, *Letters*, 70.

2 Maitland, *Letters*, 343.

3 译注：希伯来语《圣经》中活了969岁的高寿之人。

4 Maitland, *Letters*, 349.

剑桥大学唐宁学院

他也变得愈加体弱多病。我们被告知，在其 37 岁的 1887 年夏天，他的健康状况已经很不好了。“这是肺结核对他的第一次袭击，连同糖尿病，使他在人生的余下岁月里常处危险之中……” 1889 年，梅特兰写信给维诺格拉多夫 :“我非常想再次见您，我不知道是否还能等上一年。我这里说得很严肃，而且只对您说。许多事情告诉我，余日无多，我必须泰然处之。” [1] 从 1898 年开始，他每年冬季都需要在加那利群岛度过，随身带着书籍或手稿复件在那里工作。他因肺炎过早去世于 1906 年 12 月 20 日，时年 56 岁。在长达 22 年的学术高产期，他转变了我们对英国早期史的理解，解决了诸多伟大先贤们悬而未决的谜题。

*

梅特兰深入探寻了英国早期的千年史。这一任务看起来是压力极大的。对其工作方法的一瞥可见于伟大的著作《英格兰法律史》(*History of English Law*)。1889 年 11 月 24 日，他写信给比奇诺 (Bigelow)，声称 :“是的，波洛克和我已规划好一个大部头写作计划，其太过庞大以至于我担心我们的余生及后继者的有生之年是否能够完成。第一卷回溯到了亨利三世末期。我正在努力写作关于所有制的一章但却难有进展，因为工作基础充满了毫无疑问的陷阱。”[2] 几个月后，即 1890 年 3 月

1 McFarlane, *Mount Maitland*.

2 Maitland, *Letters*, 78.

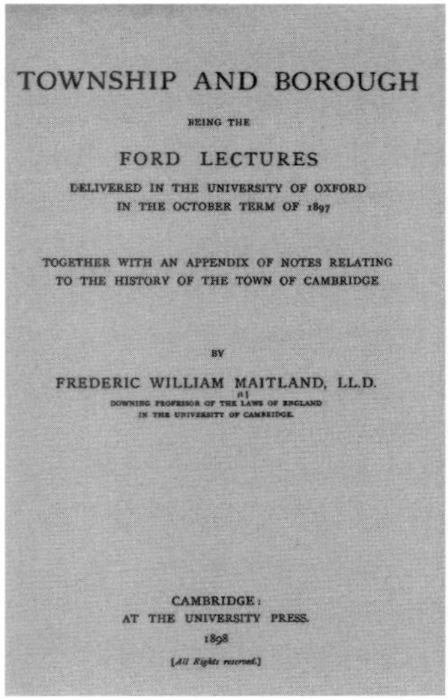

TOWNSHIP AND BOROUGH

BEING THE

FORD LECTURES

DELIVERED IN THE UNIVERSITY OF OXFORD
IN THE OCTOBER TERM OF 1897

TOGETHER WITH AN APPENDIX OF NOTES RELATING
TO THE HISTORY OF THE TOWN OF CAMBRIDGE

BY

FREDERIC WILLIAM MAITLAND, LL.D.

DOWNING PROFESSOR OF THE LAWS OF ENGLAND
IN THE UNIVERSITY OF CAMBRIDGE

CAMBRIDGE:
AT THE UNIVERSITY PRESS.
1898

[All Rights reserved.]

《区与自治城市》

23 日，他开始感觉到波洛克不会再提供更多帮助，而他自身也感觉压力大了许多。“过去几个月我已深陷某项庞大工作之中。波洛克和我都有着推出一部历史性著作的愿望，但我现在不确定他能够给出时间参与，果真如此的话，我就很难在自己的有生之年完成多少篇幅了。当然，我已开始研究币制法的公共性问题，同时继续钻研所有制、免服兵役税等相关问题……某一天我希望完成所有制及隶农制的研究而转向处理纯粹的关于所有权与占有权的私法问题……我希望这一时刻能够到来；但我还是存在疑虑——‘管辖权’问题紧盯着我，似乎比‘土地所有制'更具挑战性。"[1]

1890年10月18日，他写信给波洛克："我现在要写信谈谈我们的书的篇幅问题。我持续不断地写作，因为我的讲座准备得很充分，所以无需做什么改动。事情积少成多。我知道有些细节处理得很细微，但我越是审视币制问题，就越是确信法律史应当根据每一点上的完整证据重新写作。"[2]这一阶段梅特兰设想了两卷本，一卷写公法，一卷写私法。在前一卷（公法）的若干主题中，"我们关于封建制起源的说法意味着需要处理一大堆材料。例如，在过去六周里我一直在思考'法律人格'问题，致力于挖掘英国的证据并阅读德国人的材料，尤其是基尔克的巨著（这是一部辉煌之作，尽管基尔克本人过于形而上学了）。"[3]他得出结论说："所有制一章事实上已经完成。管辖权的大部分已经完成，但还需要再调整。关于法律地位部分，我已处理完男爵、骑士和不自由人。我准备去处理僧侣及教士，并对团体有了不少看法。外侨问题不会占用我太多时间，但犹太人问题我没有太多思考。"[4]在开始写作的第一年里，他实际完成了第一卷中非常困难的部分，篇幅长达200页。

1892 年 5 月 29 日，他写信给维诺格拉多夫 :"原来的问题依然存在——波洛克正在西印度群岛并可能在冬季前往印度，他写了关于盎格鲁 - 撒克逊的一章。就你我之间而言，我

1 Maitland, *Letters*, 83.

2 Maitland, *Letters*, 87.

3 Maitland, *Letters*, 87.

4 Maitland, *Letters*, 87.

费雷德里克·波洛克（Frederick Pollock）

很不喜欢这一章，因为它将使我很难在本书后面的章节里对盎格鲁－撒克逊再说些什么。我现在的努力是继续推动关于诺曼时期和安茹时期的通史研究，这将导致在我们俩共同抵达年鉴时期之前，我的合作者波洛克先生无所事事——如果我们能够写到那里的话。所以我有一半的思想要抛开，我已经写的关于末日审判及盎格鲁－撒克逊年鉴的部分——这是一个篇幅很大的部分。”[1]

1 Maitland, *Letters*, 109.

1894 年 7 月，梅特兰详细解释了他是如何逐步接管全部写作工作的。“原初的计划是将写作任务大体一分为二——但我很快发现我与合作伙伴南辕北辙……矛盾逐步滋生直到显著表现出来，我尽可能推动写作工作朝着我计划的方向进展——无论是对是错——你会看到我指控波洛克没有完成他的写作部分，因为我不想要他来写了。我一直担心的不是他会将原属于我的部分占为己有，而是他将合作部分的章节从我手里完全拿走。”[1] 与大学出版社的合约只是梅特兰一个人签的。

两大卷著作大约完成于 1894 年年底，尽管梅特兰承担了大量章节的编校工作，在 1895 年 2 月 21 日的序言中他还是这样说道 :“现在的作品凝聚了我们多年来的时间与思想。我们拿出来，我们清楚地知道许多部分可能只是一种初步的探索。通常是，我们在为未来的‘建筑师’做铺垫，而不是留下已完成的‘建筑’。但我们尽力保证，当未来那一天到来时，新的‘建筑师’所使用的就是可靠的事实而不是虚构的素材。”波洛克在一个单独的注释中说明 :“我需要自己澄清的是，尽管这部书是合作完成的且经过了我们各自的修改，但迄今为止最大的贡献量显然属于梅特兰，这一贡献不仅在于实际的写作，还在于我们一直急需的细节研究。”[2]

1 Maitland, *Letters*, 138.

2 Maitland, *History*, I, VI.

*

梅特兰创造出了一种独特的写作方式，据此可以对英国数个世纪的历史复杂性联系加以探索和解释。写作风格是我们了解梅特兰的一种线索，因此值得在此稍作逗留，谈谈他的写作风格。塞尔斯（G.O.Sayles）尝试进行这样的概括："作为文字大师，梅特兰不遵循任何既有传统，自身无人企及……他似乎是将读者带入他的自信之中，与之对话，使读者着迷于他对完美词句和愉悦短诗的精致感受及他的'好基友式'的幽默。"[1] 在关于梅特兰写作方式与风格的描述中，朱茨（Zutshi）提供了某些重要的线索。他写道："梅特兰的风格是非常个人化、强有力、吸引人且又富于美感的，以至于撰写其传记的许多人都会关注到这一点。"这种与读者间的"对话质量"部分得到了以下事实的证实："当他构思某本书或某次讲座之词句与段落时，会大声说出那些词，使观众既看到又听到。"他写作"就如同他在演讲"[2]。据称，他总是会站在小讲台前写作，该讲台至今还保留在剑桥大学唐宁学院。

他的所有作品都有着直率、简洁和优雅的品质，仿佛是作者在用平常语调说话。这样的事实是重要的：一方面，梅特兰写作时就如同是在向一名本科生听众努力解释复杂事物；另一方面，讲台所限，讲者只能将大量数据信息放在某个注释里而集中于核心议题。梅特兰自己解释了分析阿克顿勋爵（Lord

1 Sayles,"Maitland".

2 Zutshi, *Letters*, I , 20.

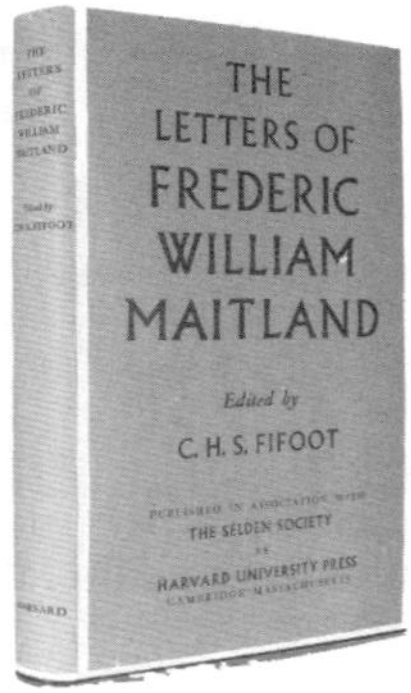

《梅特兰书信集》，法富特编

Acton）的方法："根据我的习惯，我会快速写出来，凭记忆写出个大概，以便我在自己的章节里一眼看出基本的框架。"[1] 因此他"写得很快，很惬意，以一种强健有力的风格，泽被了好几代读者"，"通过作品的范围、一致性及其想象力风格，令人确信他再现了中世纪生活"[2]。他的风格与写作天才被他早期的一名信徒 K.B. 麦克法兰捕捉到了。"这样一位作家有着高超的写作技巧，其作品读起来令人愉悦，是对具体事例有着强大分析心智和杰出天分的卓越艺术家，能使过去栩栩如生。"在他的晚期作品中"有着同样的博学、分量，但又自由翱翔，熠熠生辉，明朗透彻，在解开历史纠结时有着同样的指法定力"。因而在其二十年的写作生涯中是没有几页"承受不了梅特兰高度个人化及不懈努力之天资的。他像一位卓越的讲者一样在写作；我们被告知他的讲话是卓越的，而他的公共演说被长久铭

1 Zutshi, *Letters,* II, no.174.

2 *Selected Essays,* 15.

记和引用”[1]。

梅特兰讲座学术品质的一个片段被参与那些讲座的某个学生所捕捉。“梅特兰发表关于英国法的演讲……尽管他似乎是一名按自身秩序复述法律奇迹的神圣的中世纪僧侣。他高挑而憔悴的身形总是充满生机活力；他的嗓音……在其完成关于某种法律发展宏大纲要之论述后会变成一种礼拜样式……即便是在看似处于真实热情的那一刻……陡然的幽默之光也会闪进讲座之中，而尽管其严肃的脸庞很少放松下来，眼睛却充满戏感……”[2] 梅特兰“衡平法”讲座讲义的编辑们描述了“那些听讲座的人如何传递着——我们也在其中——梅特兰的快乐、风格魅力以及化腐朽为神奇的功力，人们既难以忘怀讲座本身，也难以忘怀讲演者”[3]。

这些讲座及手稿的新鲜感无疑也来自这样的事实：梅特兰总是探索新的主题，尽力向他自己也向听众解释它们，大胆地换位思考。历史特别吸引他，因为他对此所知甚少，直到晚年才有改观。在另外一封致阿克顿勋爵——后者曾邀请梅特兰为《剑桥近代史》（*Cambridge Modern History*）撰写关于十六世纪宗教的一章——的信里，梅特兰解释了自己先前对该主题的无知与忽视，以及对从事写作的好奇与关注的基础。梅特兰写道，他将尽力而为，“尽管您可能猜中了一件好事，您不可能知晓我的忽视达到何种深度——我甚至不知道存在一位伊丽莎

1 McFarlane, *Mount Maitland*.

2 Schuyler, *Maitland*, 17.

3 Maitland, *Equity*, V.

白女王。在我30岁之前，很少关注历史——除了哲学史，但那不算——从那时起我仅仅是如大学生所说的那样，出于更加偶然的兴趣，一个主题一个主题地‘瞎逛’”[1]。

梅特兰的作品经常被比拟为乐章。这是难以描述的，但其同时代最伟大的法律史学家兼好友保罗·维诺格拉多夫（Paul Vinogradoff）对其心智与风格的描述体现了这一效果。“在每一个特殊案例上，在对待任何一种伟大教义、制度或时代的具体处理方式上，梅特兰有一种别具一格的批判性观察方式，善于提出矛盾与含混之处，但随即就像一名音乐家一样抚触琴键弹奏一支改良版的序曲，传递出领先的理念与和谐的综合体。”从而，许多显然是枯燥而困难的主题就“通过这位学者的创造性排序及在历史含混中的清醒意识发生的有机反应过程中变得颇具吸引力了”[2]。我们不难想到巴赫（Bach）、亨德尔（Handel）甚或梅特兰挚爱的瓦格纳（Wagner），梅特兰甚至将自己的女儿们命名为厄门加德（Ermengard）和弗雷德贡德（Fredegond）。

梅特兰是一个非常私人化的人。尽管有大量关于他的传记性的研究，甚至也有两卷本的书信集出版，但我们还是不容易获得一幅关于他的“全景图”。我们唯有在他的讲座中感受“快乐”。从其生平和书信来看，他是一个正直、道德的人。他是政治上的自由派；剑桥女性学位的早期鼓动者；宗教上的不

1 Zutshi, *Letters*, II, *no.122.*

2 Vinogradoff, "Maitland", 287; 梅特兰风格与音乐之间的联系得到了一些学者或明或暗的表达，参见 Hudson (ed.), *The History of English Law*, IX and note 3.

梅特兰的女儿，弗雷德贡德（Fredegond）

可知论者；他全身心爱护其家庭、朋友及学生。他是个工作狂，可能遭遇过精神崩溃及有意的自杀。[1] 尽管身体单薄且日渐消瘦，他偏于节俭而精力旺盛。要进一步理解他，我们必须深入考察其多卷本的作品。

1 Maitland, *Letters*, II, 4.

3 理论框架

我们已看到，梅特兰最浓厚兴趣之一在于自由的发展。在追索这一话题时，他的律师职业经验显然占有核心地位，将他与杰出先贤孟德斯鸠、亚当・斯密以及托克维尔联系在一起。“他对大量杂乱材料背后的类型脉络有着无误差的直觉洞见，其一旦被连接成某种有说服力的叙事，他就能重组相关事实。”进而，如密尔松（S.F.C.Milsom）所言：“我也非常确定，梅特兰写作中的非凡直觉与其作为律师和法律教师的背景有关……其中的一个主要因素是根据真实人物的对话设身处地代入角色的习惯。”[1]似乎法律训练带来的影响要超过这些，因为在其他一些情形下，这种训练赋予其洞察事物特定本质与结构的能力，使其以一种关系模式接近事物，看到多种力量的平衡，能够超越理想类型模式衡量相关事实。与孟德斯鸠、亚当・斯密及托克维尔一样，梅特兰将归纳和演绎相结合。很

1 Milsom, "Review of Elton", 225.

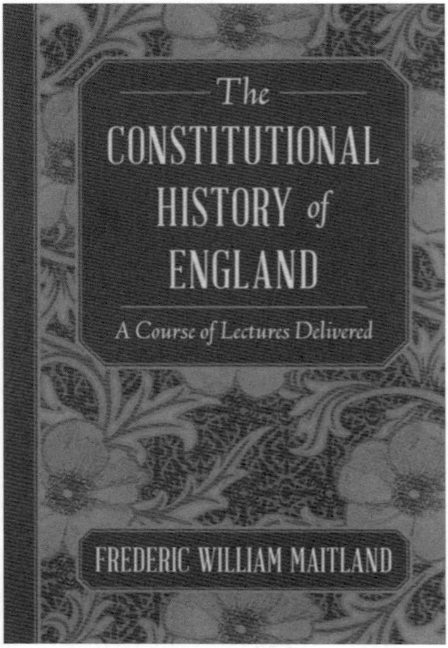
The
CONSTITUTIONAL
HISTORY of
ENGLAND
A Course of Lectures Delivered
FREDERIC WILLIAM MAITLAND

《英格兰宪制史》

少有人在处理类似主题时掌握过如此大量的“事实”材料，梅特兰很显然有着惊人的优良记忆力。他借助灵感将相关事实编组进新的想象类型之中。他没有任何的想当然，质疑一切。借助自身的卓越、精力和洞见，他创造了一种新的范式，抑或是完成了始于孟德斯鸠的范式。

他的方法既是整体论的，也是关系论的，在同一框架中处理过去所有的不同层面。通过“将英格兰法律史视为英格兰整体生活方式的一个层面，他将法律史与政治史、宪制史、社会史、经济史及宗教史紧密联系了起来”[1]。事实上他的所作所为就是将法律——英格兰的核心制度——作为线索来展示英格兰社会所有不同特征之间的关系。他集中整理中世纪资料，但讲座和教学内容覆盖从盎格鲁－撒克逊时期到十九世纪的整个历史。因此，他能作为第一人提出直到工业革命为止的千年历史中英格兰文化之类型或精神的伟大，而且是基于档案文献的分析理论。

梅特兰的目的在于理解维多利亚晚期之财富与自由的发展。他确信答案就在迄今未曾使用过的大量法律档案之中。“想一想法律史的硬壳之下到底藏着些什么。法律档案作为最具技术性的档案，是最佳材料，通常也是研究社会经济史、道德史和实践宗教史的唯一证据。看一看更宽泛的主题——中世纪晚期英格兰大众的状况以及农民的状况。法律档案为我们记录下了所有真实可信的细节；政治、社会、经济、道德层面都将获得呈现；每一次进步或退步的趋势也将得到追溯；我们可

1 Hazeltine, "Maitland".

提供的证据将无穷无尽……”[1]抑或他更简洁地再次写道：“广义上讲，我们可以说只有在法律档案及法律形式下，遥远年代的社会与经济安排才能为我们所见。”[2]

当然，困难是巨大的。显著的事实是：手写体、不正规拉丁文、法律法条以及深奥的程序格式和专业术语都必须掌握，这要求巨大的投入和精力付出。梅特兰不仅要阅读这些档案，而且要重构一种基本上消失了的世界观以便理解这些档案。这在那些已经消逝了的法律部门中尤其如此。例如，在教会法庭档案中，他描述道：“目前尚无我们教会法庭的详细历史记录。可编织该种历史的档案很少付印。它们是卷帙浩繁的……完成这一任务的人必然会从中学习很多，这些知识在过去三个世纪中的英格兰未曾被教授，同时从事者也就学不到那种经常被教授的东西了。”[3]

与此有关的就是年代错误（anachronism）问题。梅特兰在此引入了他的一个关键概念，即历史写作既要向后也要向前。这里值得完整引述梅特兰的有关段落，既作为其写作风格的例证，也作为其关于历史重构之目的与风险性的理论自觉。他指出：“法律史必须是观念史。它必须不仅仅再现人们的所言所行，还必须再现人们在过去的所思所想。重构古代观念的任务是在冒险，只能一点一点地小心完成。如果我们起步仓促，就会误入歧途。”特别是，人们必须意识到智识上的年

1 Maitland, *Collected Papers*, I, 485—486.

2 Maitland, *Collected Works*, II, 3.

3 Maitland, *Roman Canon Law*, 131.

代错误。“我们如今保护着自己免于遭受许多种年代错误。我们要小心对待服饰、盔甲、建筑、文字及演说形式。不过小心对待这些事物要远比避免非时代性观念之干扰更加容易。特别是在我们对易于表达思想之语言的野蛮使用中存在着某种持续性的危险。错误很容易犯下，而一旦犯下就是致命的和根本性的。假如我们过早引入‘拟制人’（persona ficta），我们就还不如先聚焦于携带机械枪支的亨吉斯特（Hengest）和霍萨（Horsa），抑或描述一下为出版社校对清样的尊者比德（Venerable Bede）；我们可能会建立一种易于坍塌的基础。”人们如何避免这一危险呢？“保护我们免犯这些错误的最有效方法就是阅读历史时既向前又向后，在谈论‘古代’之前先确保我们搞懂了中世纪”，“要使我们的眼睛在进入夜晚之前先习惯于黄昏”[1]。

如果某人获得了这样的成功，他就会实现创造性重构的最终目的，亦即揭示出其他的世界和时代，而不只是对我们已有世界与时代的一种扭曲反思。例如，不仅那些“被罗马教士撕裂成‘碎片’的村庄和百户”得以“在地图上重构及再现”，而且“总而言之，我们先祖的思想，他们关于普通事物的普通思想，将再次可以为我们所思议”[2]。

这种年代错误或偏见的另一个层面是由历史学家自身的确信以及通常是未加检验的政治取向所造成的。例如，梅特兰在写出下面句子时承认了这一点：“‘自由社区’（free

1 Maitland, *Domesday Book*, 356.

2 Maitland, *Domesday Book*, 520.

communities）的英格兰信徒将很可能是一个保守派，我不是指一个托利党人或一个贵族，而是指一个保守派。”“另一方面，对大众有着最为辉煌之期待的人很有可能将过去看得一无是处，只是阶级统治而已。这当然不是普适真理——但已经作为一种干扰因素闯进来了。”[1]我们可以看到，由于梅特兰像沉浸于自由和平等一样沉浸于“自由农村社区”的问题之中，他对上述问题的承认就很重要，我们也需要记住他通过密尔及西季威克而从托克维尔那里得来的谱系及灵感。

另一个关键是在正确地点开始，以寻找特定结构之本质。这是梅特兰等价于托克维尔之美洲类型理解的概念，后者意识到平等是其他一切起源的正确起点。对梅特兰而言，关于中世纪占有（tenure）概念的理解是解锁其他一切秘密的起点。“在任何法律体中，我们似乎都要去寻找可被描述为要素（elementary）的那些观念和规则。它们的要素特征包含于此，如果我们要取得研究的进展就必须掌握这些要素；如果我们在其他地方开始，我们就会发现搞错了起点……对于封建时代的法律而言，我们转向作为其最本质部分的土地占有的法律就不大可能出错。”[2]这里的要素不是简单（simple）意义上的，因为它是非常复杂的，是基本（basic）意义上的要素。对梅特兰而言，他同样意识到了在“要素”或早期形式与简单性之间不存在相关关系。“我们经常允许自己做这样的假设，如果我们能够回到原初起点，我们将会发现一切都是清楚明了的，都

1 Maitland, *Letters*, 60.

2 Maitland, *History*, I, 231.

能在那些简单观念被微妙情节与技术细节遮蔽的地方观察到全部过程。但并非如此。简单性是技术微妙的结果；它是目标，而不是起点。当我们向后追溯时，熟悉的纲领会变得模糊不清；固化的观念会变得液化，取代简单性的将是不确定性。”[1]

进一步的关键点是将英格兰置于某种比较视野之中。正如梅特兰写道：“历史涉及比较，而除了自身法律体系之外一无所知且漠不关心的英格兰律师很难具有法律史的观念。”[2]梅特兰对德国法与法国法非常了解，他在罗马法方面也很博学。[3]因而，如其伟大的学术前辈一样，梅特兰能够在英格兰研究中洞察到什么是非凡的以及什么是普通的。梅特兰确实不是一名“英格兰本土主义者”（Little Englander），诚如帕特里克·沃莫尔德（Patrick Wormald）指出的：“他会返身向后去除那些沉浸于岛屿故事独特性中的英格兰人的错误信念。”[4]换言之，我们可以看到，如果梅特兰感觉到英格兰确实是与众不同的，他也不惮于承认。

*

对历史学家而言，最困难的一项任务就是对变化与连续的

1 Maitland, *Domesday Book*, 9.

2 Maitland, *Collected Papers*, I, 488.

3 相关文献中论及了梅特兰的学识广博度以及对欧陆资源的调用，参见：Plucknett, "Maitland", 185; Vinogradoff, "Maitland", 288; Paul Hyams in Hudson(ed.), *History of English Law*, 217.

4 In Hudson (ed.), *History of English Law*, 13.

平衡，正是在这样的理论领域我们能够从梅特兰那里受教良多。从孟德斯鸠到托克维尔，存在这样一种感受，即根据欧洲其他部分的标准，英格兰自我证明为一种独特、连续而非凡的历史。梅特兰在多大程度上同样在这一结构中发现了连续性，以及在多大范围内英格兰在早期现代时期有过一场戏剧性革命？在梅特兰的许多作品中，我们看不到任何迹象表明某场广泛而革命性的变革曾经发生于英格兰历史中的某个特定时间点，从而将“中世纪”英格兰与“现代”英格兰截然分开。相反，他的如下观点见诸很多篇章：在其基本原则层面，英格兰的法律与社会结构已在十三世纪奠定。

截至亨利二世驾崩之时（1271 年），“英格兰法就其统一性、简单性和确定性而言，已经是现代的了”[1]。十四世纪以来的律师们已经确信：“刑法和私法的重大纲目似乎已被认为是确定无疑的了。二十世纪的法律学学生仍然会基于实践目的而被迫熟知爱德华一世时期制定的大量法规。”[2] 梅特兰相信，这种连续性对英格兰历史学家而言是非常有利的，使他们有别于不具有这种连续性的欧陆国家的同行们。“因此连续性已成为长达六个世纪的英国法律生命，而中世纪晚期的法律从未在我们之中被遗忘。这种法律从未逸出我们的法庭及实务律师的认知范围。我们从来都不需要以一种费力劳神且紧张万分的方式去挖掘和重构法律，而同时代的德国历史学家则必须以此方式

1 Maitland, *History*, I, 225.

2 Maitland, *Selected Essays*, 123.

挖掘和重构中世纪德国法。”[1]

这一连续性显现在针对特定法律主题的处理上。例如，当分析普通法诉讼形式时，梅特兰将1307—1833年作为一个时期。他自己也承认这“实在太长了”，从而写道：“我不知道为了当下的目的，这一时期是否可以裂变为若干个分段时期。”[2]最重要的领域是财产法。在该领域有着最为深刻的连续性。这一“最为凸显的特征”，“不动产的测算即便在我们今天或许也是英格兰私法最为显著的特征”，梅特兰认为这一法律特征非常古老。这是绵延六个世纪的一项特征，早在十三世纪后半叶即已“定型”，吸收了许多更为古老的习惯。这一连续性不只在普通法中被发现，而普通法已是“历史创造物中最坚韧持久的一种”。在《英格兰宪制史》（*Constitutional History of England*）——涵盖盎格鲁-撒克逊时期直到1880年代——中，梅特兰没有对斯塔布斯（Stubbs）关于连续性的通常观点提出实质性修正。例如，梅特兰写道：“列举出任何一种存在于中世纪末期的制度，或者存在于1800年的制度——无论是议会、枢密院还是任何一种法庭——我们都可以通过一系列确定的变化线索而将其追溯到爱德华统治时期。”[3]这是因为英格兰宪制和法律原则确立得太早了，所以在英格兰法律史上，梅特兰没有将历史叙事超前于十三世纪。

梅特兰的研究并不仅仅是回溯到十二世纪，他对整个盎格

1 Maitland, *History*, I, XXXIV.

2 Maitland, *History*, II, 210; I,225, CIV; Maitland, *Forms*, 43.

3 Maitland, *History*, II,10—11; Maitland, *Constitutional*, 20.

鲁－撒克逊时期都非常了解。在其系列讲座《英格兰宪制史》中，他着重强调了盎格鲁－撒克逊时期的英格兰与十一世纪晚期的英格兰之间的连续性。他解释认为，尽管诺曼人征服具有重大影响，但是我们“必须不能假定英格兰法已被诺曼法所移除或取代。我们不能假定诺曼人都自觉遵从着一套严密的法律体系。他们有且仅有少量的成文法；在这方面，他们远远落后于英格兰人”[1]。毕竟，“他们不过是一群来自斯堪的纳维亚贵族阶层的征服者，统治着操持罗曼语（romance-speaking）的凯尔特人”。因而我们“不能认为威廉带来了一种崭新的法理学体系”[2]。梅特兰进而展示了直到十二世纪中叶英格兰法律框架上改变甚少。如其宣称的那样，威廉只是来到了英格兰，作为忏悔者，爱德华的合法继承人“继承了爱德华的王位”。[3] 因此“诺曼人的征服赋予我们的价值在于一种塑造民族团结的强有力的王权”[4]。

关于诺曼人入侵时段之英格兰法的连续性观点，在梅特兰随后十年的研究中未遭到削弱，而在《英格兰法律史》中得到了重申。他描述了诺曼人入侵之后果是如何非常缓慢地被感知到的：“事实上，如果我们逐年阅读 1066 年以来的历史，在很长时段内就法律领域而言，诺曼征服者是否催生了任何重大变革是很可疑的。英格兰的诺曼人为数不多。威廉国王无意于对

1 Maitland, *Constitutional*, 6—7.

2 Maitland, *Constitutional*, 7.

3 Maitland, *Constitutional*, 154.

4 Maitland, *Constitutional*, 9.

新臣民强加任何外国的法典。并不存在所谓的诺曼法典。”[1]因而“我们可以保险地说，威廉无意于移除英格兰法而以诺曼法代之。相反，他训谕所有人皆受爱德华国王之法律管辖，也就是古老的英格兰法……据我们所知，他明确立法的事项很少”[2]。无疑，“征服、财产没收及土地重新分配给出了这样一种观念，即从别人那里获得在别处无法取得的土地所有权”，但这是一种非意图的后果，是梅特兰认为源自法国之陪审团制度观念的萌芽。[3]不过总体上，如梅特兰展示的细节那样，诺曼人和安茹人（Angevins）对一种早期的盎格鲁－撒克逊法律传统进行了扩充、继承、简化与强化。

事实上，梅特兰在写作时成功抓住了其连续与变迁的混合特征：“很难有一种统治一成不变，而我们今天生活于其中的法律体系和十八世纪布莱克斯通、十七世纪柯克、十五世纪利特尔顿、十三世纪布拉克顿及十二世纪格兰维尔所描述的却是同一个体系。假如我们知晓这七百年里所有在威斯敏斯特之法院作出的判决均已存档且绝大部分仍可审读，我们就会承认这种连续性及认同对我们而言是非常真实的……尽管历经世事变迁，法律仍有着生命。”[4]

梅特兰追踪到了“日耳曼森林”边缘。“除了这七个世纪，还有其他的六个世纪，部分地切合我们的主题，其中的一支似乎带来了英格兰与英格兰法的重大变化，即诺曼人征

1 Maitland, *History*, I, 79.

2 Maitland, *History*, I, 88.

3 Maitland, *History*, I, 93—94.

4 Maitland, *Collected Papers*, II, 418.

服。当然，我们从未失去这个故事的线索。循着或此或彼的路径，我们追随着前人的足迹，从野蛮日耳曼人的某些据点开始，他们侵入了罗马行省的土壤，与古代世界的文明相接触。历史追踪在此停住，光线变得晦暗；我们从很少有成文法的一个时代穿行到完全没有成文法的一个时代。这就进入了猜想的领地。”[1] 这就“赋予了英格兰法律史从阿尔弗雷德时期直到今天的独特的连续性”[2]。

在组成《英格兰宪制史》的系列讲座中，梅特兰描述了早期的盎格鲁－撒克逊法典。公元 600 年左右，埃塞尔伯特（Ethelbert）国王的系列法律“似乎是以日耳曼语写成的最早的法律”。这些法律远不只是“原始”，它们还受基督教影响。公元 690 年左右因尼国王（Ine）的法律及公元 890 年左右阿尔弗雷德国王的法律“展示的是，在随后的两个世纪里，英格兰的法律性格或社会的法律结构没有发生重大变化”[3]。从那时起直到被诺曼人征服，英格兰存在着一系列具有连续性的法律。如果我们关注这些法律，有件事就是清楚明白的，即“罗马法理学的影响是微乎其微的”，尽管基督教的影响是存在的，比如书面遗嘱的引入。[4]

接着就是诺曼人的到来，“这个种族的显著特征是有着适应环境的强大能力，以及善于吸收被征服种族之最好与最强大

1　Maitland, *Collected Papers*, II, 418.

2　Maitland, *Selected Essays*, 98.

3　Maitland, *Constitutional*, 1—2.

4　Maitland, *Constitutional*, 5.

的制度……”[1]

因而，早期的日耳曼入侵者或许引入了重要的“百人”（hundreds）[2]领主制及作为封建制核心概念的首领效忠制。梅特兰认为“这种土地与人之间的私人关系作为封建制的一个要素，实际上是古老的；我们可以在自身种族历史的最初篇章中看到。它可以追溯到塔西佗（Tacitus）所描述之日耳曼王公与其伯爵们的关系之中”[3]。这一关系发展成了盎格鲁-撒克逊的土地领主关系，且这一原则得到扩展，以至于“我们在社会结构的各个部分都能发现个人与领主的这种关系”[4]。进一步来说，当“我们在谈论封建制时，没有什么比私人法庭更能体现我们所谓的本质了——这种法庭可以继承，也可随着土地转让”，“管辖权，掌管法庭的权利，在诺曼人征服之前已经在私人手里转移过”[5]。梅特兰表明：“在八世纪甚或七世纪，英格兰存在着在自己领地上拥有司法管辖权的领主”，而“在九世纪和十世纪王权授予土地时通常也包括司法管辖权，而这只是授权事项的‘通常形式’”[6]。结论就是，“封建制的事实已经存在——所需要的就是一种表达那些事实的理论。该理论从诺曼底而来”[7]。

1 Maitland, *Constitutional*, 122.

2 Maitland, *Constitutional*, 44.

3 Maitland, *Constitutional*, 148.

4 Maitland, *Constitutional*, 148.

5 Maitland, *Constitutional*, 151.

6 Maitland, *Domesday Book*, 282.

7 Maitland, *Constitutional*, 151.

十年后，在《英格兰法律史》中，梅特兰并未改变自己关于英格兰法之日耳曼渊源的基本观点。诺曼人征服之前主导英格兰的法律“在我们看来……主要源自纯粹的日耳曼法”[1]。因而“一旦来到已知历史的坚实基础之上，我们就会发现我们的法律主要源自日耳曼传统，同时直接或间接地来自罗马体系的某些添附或修正”[2]。盎格鲁－撒克逊的原初势头得到后期其他数波日耳曼来源的强化。“如今这些日耳曼来源的每一种，纯粹的盎格鲁－撒克逊因素、斯堪的纳维亚因素，以及法兰克因素”都是重要的，很难具体衡量它们的影响份额。[3]这里绘就的历史图景非常契合梅特兰之前辈们的描述。孟德斯鸠思想存在早期的日耳曼根源。存在一种比托克维尔自我主张更早的托克维尔式的“巨大相似性”（prodigious similarity），即在十一世纪，英格兰与北部法兰西之间存在相似性。梅特兰的视角更加平衡，提供了一幅幅连续与变迁共存、相似与差异兼具的图景。我们可以看到，这种早期的日耳曼起源对梅特兰而言特别重要，因为他据此可以显示日耳曼法和社会结构包含着关于财产及家庭关系的非凡态度。

在这种连续与变迁的混合视角中，梅特兰直接攻击了后达尔文时代日益主流化的进化论范式，这种范式曲解并滥用了达尔文的核心观念，提出了所有人类社会都必须经历的一系列必要“阶段”（stages）。对这一范式框架的反对有助于解释梅

1 Maitland, *History*, I, XXIX.

2 Maitland, *History*, I, XXX.

3 Maitland, *History*, I, XXXI.

梅特兰像

特兰如何遵循了孟德斯鸠、亚当·斯密及托克维尔的那种非教条化且心智开放的传统。在其《英格兰法律史》中，梅特兰写道："假定每一个民族的家庭法都必须穿行相同的路线，这是一种没有道理的假设。试图构造某种由连续的各阶段组成的既定体系，这一体系包含了每一种制度安排，而且可以在后来的各民族中予以发现，这是一项毫无希望的任务。后来者的一种非自然的参照将会是对那些更成功之种族已有道路的迷失。"[1]梅特兰显然是反对一种单线或单独的阶段进化论的，这是一种十九世纪晚期的信条。例如在妇女社会问题的写作上，梅特兰不会轻易展开调研，"除非我们已开始反对这样一种通常的假定，即在这个地区某种重大的普遍化必然是可能的，以及从野蛮时代到如今婚姻法的每一次变革对妻子而言都是可取的"[2]。

梅特兰对阶段进化论的核心攻击来自《末日审判书及其他》（*Domesday Book and Beyond*）。他指出这个时代的人类学家在该问题上是分裂的，但是"即便我们的人类学家们以其强有力的证据材料证明了对人类种族划定规范性计划的正当性并可以指令每一个独立的人类种族分支按照阶段A、B、C之类的序列按部就班地进化，我们还是不得不面对如下事实，即那些快速进步的团体正是那些尚未独立的种族，他们还没有产生出自身的救世主，但却已经产生了不同的观念，而且能够在所有事项上从阶段A跳跃到阶段X，无

1　Maitland, *History*, II, 255.

2　Maitland, *History*, II, 403.

需经过任何中间阶段。我们的盎格鲁-撒克逊祖先们并没有在经历所谓的'阶段'时研究到字母表或尼西亚信经；他们在不同阶段间跳跃式发展"[1]。他继续写道："事实上我们理解到，为人类的每一个组成部分构造一种规范性计划的尝试是无根据和不科学的。一方面，我们可信地界定为独立种族的数量是非常少的。另一方面，人类事务的复杂性以及相互依赖关系使得我们不能期待只以一个科学的法律来统合规定人类活动的各个阶段。例如，我们不能找到一种法律仅仅处理政治事务而忽视财产安排，也不存在某种法律仅仅处理财产而忽视宗教。因此，一旦透过现象表层，就会发现催生法律的每一个案件都是非常独特的，我们在填充产生于某个民族之制度及进程中的所有空白之前很难下定论。如果我们将每一个种族的所有人都赶进同样的历史'阶段'，如果我们强迫先祖们相继经历父系社会、家庭共同体及其他阶段，我们所谓的关于人类种族的规范性计划就会变成一种对零乱事物的荒谬分类。"[2]

那么，梅特兰能够提供一种怎样的替代性变迁模式呢？他通常不是直接阐发这样的问题，而是间接提示人们怎样运用一种有机成长模式（organic growth model），认为不同事物没有任何必要遵循同样的既定路径。对这一方法的阐释出现在梅特兰关于英格兰史某个核心且具有持续性的特征的处理

1 Maitland, *Domesday Book*, 345.

2 Maitland, *Domesday Book*, 345—346. 另一处类似的长段攻击，参见 Maitland, *Collected Papers*, III, 294—299.

上，即地方政府制度。梅特兰写道："确实，对历史伟大之处有所观察的人士而言，这是一种非比寻常的制度，治安委员会（Commission of the Peace）稳定地成长演化，赋予自身以新形式，满足了新需求，表达了新观念，且从未丧失对自身的认同……我们很难找到另外一种政治实体具有如此这般故事性及完美连续性的生命。"[1] 梅特兰在这里以一种微妙的平衡方式描述了时间推移中的"新颖性"和"认同性"，这种制度史既是"故事性"的，也是"连续性"的。这样一种方法允许我们相对弹性地承认，通过一种奇特的悖论，事物可以既保持不变，又处于变化之中。

这一方法的影响在于使得同时检验连续性与变迁性成为可能，而无需被迫接受一种必然的"阶段论"。例如，这一方法消融了关于十三世纪到十九世纪之间"大断裂"（great break）的变迁理论。在梅特兰手里，那种假定的结构转型——英格兰历史上的"封建 / 农民"阶段随后通过十六、十七世纪之"革命"而被"现代 / 资本家"阶段所取代——就人间蒸发了。他将更深刻的结构连续性推回到十三世纪甚至更早。梅特兰随后以档案形式记录并扩展了托克维尔的如下洞见：英格兰通过展现十三世纪甚至更早的时期里自身如何达到类似的"现代性"的方式，证实十七世纪已经是一个特别凸显的"现代"社会。

1 Maitland, *Collected Papers*, I, 470.

4 权力与财产

启蒙理论中将英格兰与诸多欧陆国家分殊开来的关键时段就是十世纪到十五世纪。这是欧洲封建主义逐步转型变迁的经典时期。如果我们要去理解梅特兰关于英格兰现代社会如何出现之问题的解决方案，我们就必须追随他进入关于英格兰封建主义之性质与特征的相对技术性的讨论之中，了解它是如何区别于欧陆邻国的。尽管这是复杂的，但这处于梅特兰分析的核心，他展示了这一安排的独特性质。英格兰的现代化出现于岛屿之上，既是集权的，也是分权的，而他解释了这是如何发生的。通过将封建纽带的某些部分推至逻辑的极端，英格兰从伟大的和谐中获益良多；通过将权力下放给地方，英格兰享有了某种制度弹性以及一定程度的原创性民主（proto-democracy）。从而，梅特兰从细节上解释了托克维尔、梅因及其他人仅仅构想到及框架性讨论的有关议题。

梅特兰首次感到定义“封建制”的困难：“设定在‘封建制’这个语词面前的一个不可能的任务是，界定一种单一的观念来代表世界历史的大部分片段，代表法兰西、意大利、德意志、英格兰，涵盖从公元八或九世纪直到十四或十五世纪的每一个世纪。”[1] 结果是令人困惑的。梅特兰尽力澄清这一状况。封建制的核心特征是所有权的奇特组合，这是经济与政治力量之间的关系。可继承产业或恩惠是“国王从其自身不动产中赋予的一种土地馈赠，受赠人处于一种保持忠诚的特定义务地位……为了表达据此创设的有关权利，一系列的技术性术语得以发展出来：受益人或臣属 B 持有作为授予人之领主 A 的土地，而 A 拥有授予土地给 B 的权利。完整的土地所有权（支配权）似乎在 A 和 B 之间进行了分割；或者再一次，受益人也可以将其持有之土地的一部分再予授出，这就使得土地似乎是在 A、B、C 之间进行了分割，C 持有 B 的土地，B 持有 A 的土地，如此无限划分下去”[2]。

梅特兰相信：“封建制最凸显的特征”就是这样的事实，即“若干不同的人，在不同的意义上，可被说成是拥有及持有同一块土地”[3]。不过还是存在其他的一些同样凸显及本质性的特征。权力与财产以某种神秘的方式结合起来了。封建制不仅仅是一种土地所有制，更是一种政府制度。当许多人看到“军役领地”（military tenures）的引入作为“封建体系的一种建制”时，事实上，一旦“与领主司法相比，军役领地就只是一种表面肤浅的因素，是众多结果之一，而不是一种深

1 Maitland, *History*, I, 67.

2 Maitland, *Constitutional*, 152—153.

3 Maitland, *History*, I, 237.

植背后的原因”[1]。梅特兰描述道：“封建制最本质的要素就是私人之手的司法管辖权，就是领主法庭。”[2]这种权力与财产、公共与私人的结合在梅特兰作品的其他地方还会广泛呈现。[3]

这里值得引述一下梅特兰对“封建制”定义中的一种。封建制是“一种社会状态，其中的主要纽带是领主与个人的关系，在此关系中领主一方要承担保护和防卫的义务；个人一方要承担保护、服务与敬畏的义务，这种服务包括军事服役。这种私人间关系涉及一种财产关系，即土地所有关系——个人持有领主的土地，个人的服务是土地上设置的一种负担，领主对土地享有重要权利，而（我们可以说）完整的土地所有权在个人与领主之间被分割撕裂。领主对土地上的个人享有管辖权，掌管针对个人的法庭，而个人可以在法庭起诉。司法管辖权被认为是一种财产，是一种私人权利，由领主在其土地上行使。整个国家组织是这些关系的一个系统：最顶端站立着作为所有人领主的国王，国王之下是中间性的诸侯（vassals），或者总佃户（tenants in chief），后者是佃户们的领主，而佃户们又可能是再下一级佃户的领主，由此递推直到最低层级的土地所有者。最后，就像每一个领主法庭都包含着领主的相应佃户一样，国王的法庭也包含着他的总佃户，而只要存在针对国王的任何宪法控制，就只能由这些总佃户们组成的集体来加以执

1 Maitland, *Domesday Book*, 258.

2 Maitland, *History*, I, 68.

3 Maitland, *History*, I, 230.

行”[1]。

梅特兰强调，英格兰“封建制”尽管与欧陆有着共同的起源，但至少到了十二世纪已经发展成为一种独特和差异化的存在。他评论道，当我们讨论封建制时，“为了区分不同国家和不同时代，必须在找出相似性的同时看到巨大的差异性”，从而“假如我们现在是在谈论封建制，就必须具有一种健全的理解，即法兰西的封建制是根本不同于英格兰封建制的，而十三世纪的封建制也与十一世纪的封建制大相径庭”。对英格兰而言，“人们很可能持有这样的观点，即在所有国家中，英格兰是最封建化的，或者就特定事项而言是最不封建化的”[2]。当我们记起存在衡量封建制的两种核心标准时，这种悖论就迎刃而解了。根据土地法，英格兰是最完美的封建制社会。所有的土地都是封建化的。梅特兰写道：“只要封建制仅仅是财产法，英格兰就是所有国家中最完美的封建制。”[3]因而，“归因于诺曼人征服，这一理论的一个部分在英格兰以一种连续且无先例的严格形式得以实践。每英寸土地都被付诸这种所有权理论的实践：英格兰不动产法成了一种封建土地法。在法兰西和德意志，可以发现所有自由的人，不是英格兰的那种”[4]。例如，“在英格兰占主导地位的那种绝对且毫无妥协的长子继承制（primogeniture）形式并不属于通常意义上的封建制，而

1 Maitland, *Constitutional*, 143—144.

2 Maitland, *Constitutional*, 143.

3 Maitland, *History*, I, 235.

4 Maitland, *Constitutional*, 163—164. 自由的财产以绝对所有权形式持有。

专属于一种高度集权的封建制，其中国王不必害怕其强有力的诸侯的权力……”[1]因此，根据土地所有权，英格兰是最封建化的社会。

另一方面，在更重要的公法、私法及政治权力的领域，亦即根据政府的标准，英格兰走上了一个独特的方向，朝着某种集权方向演变，而不是国家的解体。梅特兰指出："我们的公法并没有封建化；封建制的力量在每一个方向上都受到了其他观念的限制和制衡；英格兰人的公法权利和公法责任未被认为而且也不可能被认为纯粹来自个人与领主之间的封建契约。”[2]梅特兰列出了这种公法封建制之限制性的主要特征。“首先也是最重要的是，这种限制从未成为法律，也就在存在土地权利联系的人之间不构成政治约束力……一旦敬意和忠诚献给任何的中间领主，该佃户就明确表达了对国王领主的忠诚。”[3]因而，某个人为了其领主而与国王作战，就不是在履行其封建义务，他是在犯叛国罪。犯上的臣民不可能从这一制度中获得正当化理由。这一点非常重要，梅特兰会以多种方式加以阐释。

“英格兰法从未承认任何人有为其领主作战的义务。负有军事义务的次级佃户有基于土地权利关系而为国王作战的义务：他有义务追随其领主的旗帜，但仅限于在国家军队体系之中；他绝无义务参与其领主的私人争执，更别说是与国王的争

1 Maitland, *History*, II, 265.

2 Maitland, *Constitutional*, 164.

3 Maitland, *Constitutional*, 161.

执了。私人战争永远不可能合法——它是一种犯罪，是对和平的冒犯。”[1]一个人很难在不触犯“重罪”（felony）的条件下依据领主之命令去“反对”任何人。梅特兰写道：“普通法、王室与国家法，如其既往一样，已占据了封建制的大本营。”[2]为了穷尽阐释英格兰封建制的全部独特性，梅特兰告诉我们：“你应当看看法兰西的历史；在那里下列规则是明白无误的法律，即在一场私人争执中，诸侯必须追随其中间性的领主，哪怕是对抗国王。”[3]在英格兰，“军事义务不指向任何其他人，而只指向国王；这正是使英格兰封建制区别于法兰西封建制的重要方面”[4]。

还存在许多其他差异，这些差异使得英格兰封建制的核心特征得以可能实现并由此衍生出相关安排。在英格兰存在国王统帅的另一支军队，以帮助保护国王，使国王不过分依赖其封建佃户。“尽管封建受役领地为国王提供了一支军队，但从未有法律规定那些不受领地义务节制的人无需打仗。由地方治安官（sheriffs）指挥的古老的国防军并未退出历史……在这一王室军官指挥下的大众化组织之中，存在着对封建军事体系的有效制衡，这支军队很好地服务于国王。”[5]中央权力的另一个来源是这样的事实，即“税收不是封建化的”。梅特兰告诉我们，“国王一度足够强大以对整个国家征税，对次级佃户征税，

1 Maitland, *Constitutional*, 161.

2 Maitland, *History*, I, 303.

3 Maitland, *Constitutional*, 162.

4 Maitland, *Constitutional*, 32.

5 Maitland, *Constitutional*, 162.

直接与人民大众及他们的土地和收成打交道，无需领主们的干预”[1]。因此，国王并不完全依赖强势的领主们提供士兵或金钱。

国王也不完全依赖领主们提供建议。我们知道，王室法庭“从未采取确定的封建形式……它更多是在国王权威之下根据国王意愿传讯任何人”[2]。最后，国王并未被强制要求将司法权委托给男爵们（barons）。“司法管理从未完全地封建化。古老的地方法庭一直保持活跃，并不是封建性的司法集会”[3]。结果就是，“封建法庭的管辖权受到严格限制；他们拥有的刑事管辖权毫无疑问要由王室明确授予，而国王完全掌握着这一授权。事实上，全部领主很少行使较高的司法管辖权，他们的司法权在欧陆看来会被认为是很低的标准”[4]。从颇为可观的权力出发，国王“迅速扩张了自己的司法领域：在十三世纪中叶之前，王室法庭实际成了全王国范围内的初审法庭——从亨利二世时代开始，国王的巡回法官们就已经在王国土地上实施普通法了”[5]。

矛盾由此解决。通过采纳封建纽带的一个方面——这样的观念，每个人都根据土地权利和权力而系属于位置在上的另一个人，直到逻辑的极限——英格兰制度发展成了某种独特的存在。根据马克·布洛赫（Marc Bloch）的法兰西封建模式的有关标准，英格兰是最不封建化的国家。换一种方式看待，英

1 Maitland, *Constitutional*, 162.

2 Maitland, *Constitutional*, 163.

3 Maitland, *Constitutional*, 162.

4 Maitland, *Constitutional*, 162—163.

5 Maitland, *Constitutional*, 163.

格兰就是典型的封建制社会，有着土地所有和司法及权力并存的制度巅峰，但其他的封建制形式则由于过度向地方授权而存在缺陷。两种观点都有道理。

下面看看梅特兰的主张。封建制的绝大部分重要因素在诺曼人征服之前的英格兰已经存在，特别是与领主之间涉及出生亲属关系之契约关系的优先性。然后在诺曼人征服后的一个世纪之内，英格兰存在一种真正的受役领地制度。“大体而言，我们可以说在一个世纪之内（公元 1066—1166 年）受役领地是真正军事性的。”[1] 在同一时期存在着强势的地方法庭。这一时期尽管存在很高程度的中央集权，英格兰封建制与法兰西封建制却是最相似的。但随后英格兰封建制就朝向上述描述的方向演变了。大约到了 1266 年的最终时刻，“我们所谓封建性的军事组织就已经解体了，既不能为王权提供士兵，也不能为王权提供金钱……”[2] 同样地，诸多制度机制被用于削弱相对独立之领主法庭的封建原则。[3]“缓慢而确定地，由效忠国王的公务员以国王名义实施的司法成为最重要的司法类型，深入触及王国最遥远的角落。”[4] 一切都被集权的国家法渗透了，这种法律又被非同寻常的土地权利概念所渗透，亦即一种非血缘关系下占有某物的契约关系。因而“在中世纪，土地法是一切公法的

1 Maitland, *History*, I, 252—253.

2 Maitland, *History*, I, 253.

3 Maitland, *History*, I, 172. 例如，十二世纪出现的新近强占（novel disseisin）的司法集权以及遗产占有令（assize of mort d'ancestor），参见 : Maitland, *History*, I, 146—148.

4 Maitland, *History*, I, 84.

基础……司法制度受到土地占有的影响，议会制度也受到土地占有的影响”[1]。

许多伟大的思想家已有结论，认为政治经济关系对我们的谜题而言是关键的。如果梅特兰的下列结论是正确的——英格兰发展出了一种独特形式的集权封建制，建立了独特的上层建筑之基础，这些基础就其本身而言是独一无二的，仅存在于西欧——那么我们就已经找到了解决曾经困扰梅特兰之前辈们的诸多问题的钥匙。

当然，就像探索所有的谜题一样，梅特兰的答案也只是将特定谜题向前推进了一步。如果英格兰封建制是不同的，不仅在其性质，也在其演化过程，那么为什么会这样呢？我们这里需要追随梅特兰进入另一个同样技术化的讨论之中，这一次关注的是亲属（kinship）与政治的关系。制度关系是解答谜题的关键，而其中最强有力的一种关系就是亲属、权力与财产的混合形式。

英格兰的亲属与财产

马克·布洛赫表明，罗马衰落后的西欧封建制发展与一种特别有弹性而“脆弱”的亲属制度有关。他写道，亲属纽带“就其特定属性而言是外在于封建制的人际关系特征的”[2]。

1 Maitland, *Constitutional*, 38.

2 Bloch, *Feudal*, I, 138.

西欧亲属关系的“相对脆弱”“解释了为何会存在封建制”[1]。或者“更准确地说，封建纽带是在亲属纽带不够充分时发展起来的”[2]。他的假设已被梅特兰的早期主张充分预见到。

梅特兰清楚地意识到当时人类学的自相矛盾——比如亨利·梅因爵士的作品——所有的社会，包括日耳曼族群，都经历过一个父系社会阶段，亲属关系从男性直系传承下来，导致了强大宗族的形成，或者按照人类学家的说法，是单线直系亲属团体的形成。[3]然而对塔西佗、盎格鲁－撒克逊法典及其他材料的详细研究并未证实这一进化论式的序列。梅特兰首先追溯了十三世纪布拉克顿的文本，后者显示了一个同时按照男性和女性直系亲属加以追溯的系统，该系统非常典型，今天的英格兰仍在使用。[4]梅特兰随后对盎格鲁－撒克逊时期进行了分析。在“古代风俗”（Antiquities）的部分，梅特兰显示了盎格鲁－撒克逊亲属关系是双边的或同源的，是从两性直系追溯的，因而可作为政治与法律行为之基础的排他性团体或宗族的形成就是不可能的。

梅特兰指出，从最早期的规则开始，我们就会发现血亲封地开支显示了那些分享该项开支的人“包括了与其有关的父系亲属，也包括了与其有关的母系亲属”。这一概念“既将孩子与其父亲的兄弟联系起来，也与其母亲的兄弟联系起来”，因而“相互排斥的宗族系统是不可能存在的，除非每一个宗族都

1 Maitland, *Feudalism*, I, 142.

2 Bloch, *Feudal*, II, 443.

3 Maitland, *History*, II, 240—241.

4 Maitland, *History*, II , 269ff.

是族内通婚的”。梅特兰在一个边注中提道：“英格兰不存在宗族。”[1] 故而“我们完全不应该谈论宗族”，因为“我们的英格兰法并不注重大量可计数与可命名之相互排斥的亲属单位的存在；有多少活人就有多少‘血亲团体’”[2]。这些团体不能成为政治法律系统的基石。不管最早期未档案化的历史是什么，“显而易见的是，无论是‘父系’还是‘母系’的排他性主导……对我们的种族而言都应当置于历史极限之外”[3]。父权或父系家庭的缺失，梅特兰认为与基督教无关——其出现“我们确实不能归因于基督教的影响”[4]。英格兰保留的按照男性和女性之两性计算直系亲属的日耳曼方法与按照男性单线计算的方法有着很大不同，这种方法即便在基督教扩展之后的晚期罗马帝国仍然存在。[5]

两年后，梅特兰重申了他的核心结论，即盎格鲁－撒克逊的同源性亲属关系不能为政治忠诚提供基础。那些在罗马帝国衰落时定居于英格兰的人应当是其亲属，“但（解释了我们如何形成的）通过神圣的血缘纽带联系在一起的日耳曼亲属系统对血缘的追溯是父母双系的，因此不可能接受一种只有一个地方习惯或命名的‘血缘亲属’”。因而“村庄共同体就不是一个宗族（基于男性支系的团体）。血缘关系是神圣的，但它并未

1 Maitland, *History*, II, 241.

2 Maitland, *History*, II, 242.

3 Maitland, *History*, II, 243.

4 Maitland, *History*, II, 243.

5 Maitland, *History*, II, 386—387.

将日耳曼人引入相互排斥的宗族之中”[1]。

许多后来的人类学家已经证实，如下事实是非常清楚的，即盎格鲁－撒克逊人在有史记载以来，也就是从公元一世纪的塔西佗和恺撒的有关论述开始，他们似乎就是同时按照父系和母系进行直系亲属追溯的。[2]如布洛赫所言，这使得亲属关系变得很脆弱和碎片化，不足以作为法律和政治系统的基础。因此，他们复杂的替代性发展就是通过原创性封建制、巡回法官和其他机制完成的。

因此，亲属关系未能提供政治基础结构，故而如梅特兰和布洛赫所言，这一关系的脆弱性有助于创设一种环境，法庭与现代领土国家得以在“封建制”体系中出现。进一步来说，它的碎片化属性有着另外的重要影响，这种影响与经济及随后同等重要的制度发展有关，我们可以大体给出一个“商业资本主义”（commercial capitalism）的标签。

在大部分农业体系中——我们标签为“农民”——的财产法的本质是作为家庭和土地财产的纽带。“生产活动的家庭模式”的构建基于父母和子女的共同所有权。所有出生于该家庭的人均有天生的权利。他们不能“被剥夺继承权”，因为他们是共同所有人，是一个家族团体的成员。就像马克思和韦伯主张的那样，父母与子女各自具有独立权利的个人所有权的兴起是现代资本主义财产关系的基础。通常认为，英格兰家庭财产权利的摧毁发生在十五世纪晚期以来朝向资本主义的大转型过

1 Maitland, *Domesday Book*, 349.

2 例如：Radcliffe-Brown, *Kinship*, 15. 更一般性的论述参见：Fox, *Kinship*, ch.6.

程之中。例如，马克思主张："这样的法律观点——地主对其土地的处置可以像每一个物权所有人处置其物权一样自由——仅仅是伴随着资本主义生产的发展才兴起于现代世界的。"作为一种制度的资本主义"将封建土地财产、宗族财产及小农财产转变成了"现代个人所有权。[1]

梅特兰的作品显示了一种家庭所有权的惊人缺失。在论及自由保有之财产时，梅特兰说道："在十三世纪，享有普通采邑权（fee simple）的佃户具有一项完美的权利，可以通过生者之间的土地转让取消预期继承人的继承权。我们的法律获得了一种极端的安排，即没有谁一定是某个生者的继承人。"[2]事实上，他相信："人们在十三世纪中期就已取得了这样一种权力（例如通过遗嘱处置不动产）。"[3]尽管格兰维尔为继承人创设了某些含糊的保障机制，但十三世纪的布拉克顿忽略了这些机制，而王室法庭也并不支持子女对父母不动产任何一部分的权利主张。十三世纪与十六世纪的唯一变化在于，根据1540年的《遗嘱法案》（*The Statute of Wills*），某个父母可以通过如下方式完全剥夺其继承人的继承权：不仅可以在其生前通过出让或赠予来剥夺，还可以留下遗嘱确保不动产的三分之二不归属于其遗孀。这种状况事实上在1290年的《土地买卖法案》（*The Statue Quia Emptores*）中就已经形成，该法案载明："从此以后，任何自由人凭其意愿出卖其土地与房屋，或其中一部

1 Marx, *Capital,* III, 616.

2 Maitland, *History,* II, 308.

3 Maitland, *History,* II, 27.

分，均属合法……”除非是出卖给教会或其他的永久性基金会。[1] 在这一关键层面，英格兰普通法走了与欧陆法完全不同的方向。梅特兰写道：“无需继承人同意的自由处置将会动摇长子继承制。这两个特征是紧密联系的，将我们的英格兰法与其最邻近的亲属法即法兰西习惯法区分开来……在国外，作为一种普遍规则，预期继承人的权利逐步塑造成了对父母处置权的限制。未经其预期继承人同意，地主不得处置其土地，除非出于必要情形，但即便在必要情形下，继承人也必须具有购买的机会。”[2]

因此，根据英国普通法，子女没有天生的权利，可能继承不到一分钱。严格而言，这甚至不是“取消继承权”的问题；一个人在十六世纪根本就没有继承人，他拥有完全的占有权或财产权。唯一的限制在于其遗孀获得三分之一不动产以谋生的权利。结果就是，一个儿子在父亲生时没有任何权利，他们根本不是共同所有人。就十六世纪的自由保有不动产而言，子女不具有任何自动生成的权利。长子继承制的习惯法也许给了最年长的孩子以超过其他孩子的更多权利；但最终即便是这个长子也可能一无所有，除非其父亲或母亲留下遗产，抑或遗产通过限定继承（entail）的拟制方式予以形式上的特定化。即便是这样的限定继承在十六和十七世纪也可能被轻易打破。[3] 结果，诚如张伯伦（Chamberlayne）所言，在十七世纪“父亲

1 Simpson, *Land Law*, 51.

2 Matiland, *History,* II, 309, 313.

3 Blackstone, *Commentaries,* II, 116—118. 描述了这样做的若干法律机制。

们就其全部不动产可能对其所有的子女都不采用限定继承，而将其给予任何一个无关的孩子”[1]。

显然，“子女对父母的非自由保有的财产也不会具有更强大的权利”[2]。如梅特兰所言，这在缺乏父母处置权限制的英格兰更是如此，而处置权的限制是子女可用来阻止父母生前处理财产的制度惯例。这种限制的缺失在梅特兰作品中多处出现。[3]他困惑于这样的独特属性，但无疑该属性是存在的。[4]甚至存在那些限制机制也不一定能保证土地掌握在家庭之手。[5]

另外一个奇特的方面在于继承法运作的具体方式。梅特兰解释道：“在亨利二世末期（1270年代）我们的普通继承法快速形成了它的最终形式。它的主要框架至今仍为我们所熟悉，而其更具本质性的规定或许可以这样陈述：遗产的第一顺位继承人由死者的直系子嗣组成；换言之，如果死者留有‘直系子嗣’，别人就都不可以参与继承。”[6]这一规定看起来是早熟的，但不是不可预期的。不过梅特兰意识到的是这排除了更宽泛的亲属权利主张。例如，“即便我没有留下其他子嗣，无论是我的父亲，还是我的母亲，抑或任何远亲，均不可能作为我的继承人……”[7]我们有“奇特的教义，即长辈不能继承”；继承必

1 Chamberlayne, *Present State*, 337.

2 Macfarlane, *Individualism*, 83.

3 Maitland, *History*, I, 647; II, 12—13, 446.

4 Maitland, *History*, I, 344.

5 Maitland, *History*, II, 312.

6 Maitland, *History*, II, 260.

7 Maitland, *History*, II, 286.

须通过一种社会重力法则向下进行。[1] 例如，兄弟之间互不作为继承人。子女所能主张的一切就是未被其直系长辈处理掉的那些遗产。“一个继承人所能主张的就只是其长辈未处理过的遗产；其长辈处理过的部分他不能加以主张。”[2]

因而，梅特兰并未在家庭和土地之间发现强有力的联系。他也没有发现领主设置的任何限制。在早期讲座中，梅特兰声称：“我们不能从英格兰法文本中产生这样的规则，即领主的命令对佃户的财产处置是必要的……王室法官们，像所有法律人一样，似乎都偏向于自由处置权……”[3] 在《英格兰法律史》中，梅特兰再次确认了这一观点，显示了在与家庭所有权相关的关键问题上，英格兰保留了个人财产制度，而欧陆废除了这一制度并导致了财产及领主权利的增长。他得出结论，认为与领主的限制有关，“佃户只要不严重损害领主的利益，就可以合法做任何事。他可以做出合理的赠予，但不能是不合理的。赠予的合理性是领主法庭的管辖事项；佃户有权要求同等人（peers）审判”。梅特兰惊讶于该制度“如此偏向佃户……如果我们与其他国家比较的话”，但他表明了“诺曼人征服曾经一度偏向于‘土地的自由交易’”[4]。问题的症结在于，英格兰在十三世纪上半叶就开始与欧洲大陆分道扬镳了。“如果英格兰律师们对领主们的诉求充耳不闻，也就是对亲属们的诉求充耳不闻，而这一时期正好是诺曼底及其他国家中领主与亲属

1 Maitland, *History*, II, 286.

2 Maitland, *History*, II, 19.

3 Maitland, *Constitutional*, 29.

4 Maitland, *History*, I, 343—344.

继承人之诉求在新法理学中寻找到正式认可之时。无论我们是将这一结果归结于我们王室司法制度的早熟还是我们民族性格中深深扎根的某些原因，我们都必须同时关注如下两个事实：如果英格兰法不承认封建性限制，也就不承认对家长处置权的限制。”[1] 这一关键段落总结出了重大分歧。不管批评家们提出怎样的警告，除了梅特兰的论证之外无路可走。[2]

梅特兰在上述论证段落中将时间推回到了诺曼人入侵时期。在 1066—1200 年，英格兰和欧洲大陆许多国家均将土地从领主及家庭控制中撕裂挣脱了出来，欧洲大陆随后又将这些土地权利整合了起来，但这在英格兰并未发生。一个核心问题是，英格兰的这一特别制度是在哪里起源的？它是十一世纪的新事物，还是有着更早期的根源？

梅特兰解释道："当我们在谈论'家庭所有权'时，似乎我们所指的是，某个孩子在出生时或青春期时即获得先辈土地的使用权利；至少他拥有先辈土地的权利，而这种权利不是我们现代法律所知的赠予、遗赠、继承或任何其他名目。”[3] 他承认有某种可能性，即某些类似的权利曾经存在于英格兰及西欧其他地方。不过，他争辩道，我们所拥有的罗马帝国衰落后征服西欧的那些民族的最早档案表明，财产已经被作为个人所有物加以对待。“塔西佗告诉他的罗马读者，日耳曼人不知道遗嘱，但补充说他们有无遗嘱继承的规则。这些规则是个人主义

1 Maitland, *History*, I, 344.

2 有关批评及笔者的回应，参见：Macfarlane, *Culture*, 192—197.

3 Maitland, *History*, II, 248.

的，亦即它们没有将人的死亡简单看作共同所有团体之成员的减少。它们也没有给出全部的财富，这些财富已自由归属于一个团体，该团体由和死者处于不同层次亲属关系中的人所组成。亲属在继承时是依序进行的，首先是子女，其次是兄弟，再其次是叔叔。《萨利克法典》（*Lex Salica*）有关于无遗嘱继承的法律；该法律首先召集的是子女，其次是母亲，再次是兄弟姐妹，最后是母亲的姐妹。或许可以说，这些规则仅仅适用于动产，而不适用于土地；不过承认存在关于动产继承的个人主义法律，即便所谓的个人土地所有权是新颖的概念，也已经足够让我们在声称'家庭所有权'是每一个种族历史上的必然现象时停顿犹豫一下。当我们的家庭取得对土地的永久所有权时，我们都会熟悉无遗嘱继承的规则，这就表明在供养所有成员的团体中存在'我的'与'你的'之分。"[1] 这一点出现于很早的历史时期。

英格兰在盎格鲁－撒克逊时期的证据同样有趣，梅特兰进行了如下的总结："现在我们关注一下盎格鲁－撒克逊人，我们没有发现任何证据来证实这样一种理论，即所谓的'家庭所有权'支配了人与人之间的一切。我们没有发现任何法律、特许状或诉讼档案将土地说成是家庭、家族或任何其他的亲属团体所有。这一点是更有提示作用的，因为我们常常读到'家庭'（familiae），据称我们在土地上有权利；然而，这些家庭不是亲属团体，而是僧侣的修道院。"[2] 不过，梅特兰进一步指

1 Maitland, *History*, II, 250—251.

2 Maitland, *History*, II, 251.

出："有关判决和土地簿都显然不同于那些被认为是家庭所有权残余的特征。如果我们拿起一份盖有罗马时期印章的采邑特许状（授予个人封地或可继承土地的文件），我们就可能发现它上面声称捐赠人的预期继承人对赠予行为给出了同意。而如果我们拿起一份盎格鲁－撒克逊的土地簿，我们就不会发现这一点；根本不会提及继承人的同意。权利废弃条款（the denunciatory clause）也许会提及继承人，而且在后者对赠予提出异议时会被谴责；不过它通常会谴责所有那些攻击受赠人权利的人，在任何法律体系中受赠人都会更加害怕捐赠人的继承人而不是其他人，因为一旦赠予是有缺陷的，继承人就可能重新主张对土地的权利。有时若干名共同所有人都会参加赠予；不过当我们考虑到死者的所有儿子对父亲留下的土地都有平等继承权时，我们可以说这种共同赠予的案件是非常少的。总是会存在共同所有与共同继承。我们在十三世纪见证过，在十九世纪也见证过；奇妙的是，在九世纪和十世纪，我们没有在盎格鲁－撒克逊土地簿之外看到更多同类案例。"[1]

当然，预期继承人可能竭力收回土地，他们感到应当归其所有。不过即便在此处，梅特兰也没有发现盎格鲁－撒克逊时期这样去做的权力超过十九世纪时。"被征服前的时代，一名死者的继承人有时会竭力收回死者已转让或某位不公正人士声称死者已转让的土地。继承人在十三世纪经常这样去做；他们在今天有时也会这样做。今天，某个人的预期继承人不会在该人活着时竭力干预其赠予；可是在十三世纪并不是这样；我们

1 Maitland, *History*, II, 251—252.

也没有找到证据表明被征服之前是这样。”[1] 在其“关于家庭所有权的最后陈述中”，他温和地总结道：“我们并没有就此主张任何结论认为在当前的知识状况下我们要急切地接受‘家庭所有权’，抑或一种‘天赋权利’的强形式，将之作为曾经支配英格兰人的一种制度。有人说我们会基于英格兰档案的压力被迫这样去做，显然这是不可能的。”[2] 就我所知，他的观点从未遭到否定。

梅特兰提供了一种完整的研究计划。从塔西佗最早期的描述开始，个人所有权就已成为规则。当然也存在着继承权的规则，但这些规则并不能限制生者对其“所有”之财产的处置权。这种非同寻常的、非家庭模式的生产机制在五世纪到十二世纪支配了西北欧的大部分国家。随后，在亲属和领主的压力下，这种模式在欧洲大陆转型为领主财产权和家庭财产权。唯独在英格兰它仍保持原样——作为现代资本主义与个人主义财产制度的基础，藏身于英格兰后期发展的背后。这种差异与不同的权力平衡模式有关，在欧洲大陆是战火连连，而在不列颠岛则是相对和平且有着国家权力约束。再一次，梅特兰挑战了那种认为所有社会都将经历相同的必要阶段的普遍观点，在此处就表现为从家庭财产权过渡到个人财产权。

1 Maitland, *History*, II, 252.

2 Maitland, *History*, II, 255.

5 社会关系

如滕尼斯（Tonnies）所言，十九世纪后期社会理论家们的一个重大的组织化观念就是，存在一场从共同体（community）向社团（association）演化的运动。马克思、摩尔根、梅因及其他人的许多著作均集中于这一假定的统一运动。如果我们审视一下梅特兰的著作，我们会发现通过挑战这一假定，他成功解决了摆在其思想前辈们面前的一系列问题。

早在1883年的系列讲座中（结集为《英格兰宪制史》）梅特兰就已指向了“那些在当前难以解释的重大难题”，这些难题和“当代历史学家们”关于城镇（township）起源的理论有关。他们认为城镇是“一个远比庄园领地更为古老的共同体；这个共同体如英格兰历史所展示的那样，我们可以称之为原始形态；一群人或若干家庭很可能是通过亲属纽带相互联系在一起，他们通过一种集体农业制度耕种土地，团体是这片土地的主人”，但在时间推移中“逐步落入领主的控制之下”[1]。在 1893 年的一篇文章中，梅特兰显示了对如下理论更大程度的怀疑：“土地在个人所有之前是归共同体所有的。”尽管他并不准备直接攻击这一论点，他确信：“这一学说就像主张算术四则运算法则与微分学相比是现代的一样缺乏证明及可能性。”[2]

梅特兰对从共同体所有权到个人所有权之演化论的完整攻击出现于其后期著作之中。在《英格兰法律史》中，他细致界定了“共同体”的含义，认为当郡县和城镇构成十二世纪的法律共同体时[3]，“共同体”的概念要复杂得多。“中世纪的学者可以轻易看到共同体主义。这似乎是一种弥漫各处的原则。共同体而不是个人似乎成了政府体系的主要单位。”但这是有欺骗性的。“一点点实际经验就能使他怀疑这种共同体主义；他会开始将之视为一种粗蛮个人主义之上的薄斗篷。”[4]城镇当然是“共同体”，但这并不意味着存在共同体主义。

例如，表面来看似乎存在着荒地及“共同”牧场上的“共同”权利。但这些“共同”权利在任何意义上构成“共同体权利”吗？当然，它也确实存在着“共同体”因素。“一种共同的权利是一种与他人共享某物的权利，是在领主及其他同等佃户之畜群放牧的牧场进行放牧的权利，是从森林中捡取树枝的权利，是从沼泽中获取草皮的权利，也是从池塘中捕鱼的权

1 Maitlland, *Constitutional*, 51.

2 Maitland, *Collected Papers*, II, 313.

3 Maitland, *History*, I, 534, 564.

4 Maitland, *History*, I, 616.

利，其他人均有权采取类似的行为。”不过这并不意味着共同体所有权。“然而，就所有这一切而言，这种权利可能是某个人的多种权能，一种依据多种权益获得的权利，一种可对抗其同辈权利人的权利，一种无须同辈权利人协助即可对抗陌生人的权利，一种其同辈权利人很少或基本不控制的权利。”[1]在进一步以及详细地解释这一事项之后，梅特兰得出结论认为："这不是共同体主义，这是最高度的个人主义。”[2]

同时，他在进一步解释的一个边注中简洁地提道："庄园领地的习惯给出了若干非共同体权利的权利。”“一旦仔细检验，城镇的权利就消失了。”[3]他继续总结道："即便是通过语言的扩展而将某种权利称为共同体所有权，如果确实存在的话，那么在准确的档案潮流开始涌现时也会变得稀少及不合时宜。”[4]不存在任何证据可追溯到“共同财产”的征服事实。因此“在这一章我们已看到足够的证据使我们在同意关于‘共同体主义’比‘个人主义’更古老的任何宏大教义时有所停顿犹豫。古老法律表面上的共同体主义掩盖了有着更深刻、更古老根基的个人主义”[5]。

“村庄共同体”理论的辩护者们提出的另一种论证思路是，有着丛林化带状地带的开放区域的农业使得共同体管理成为必要。如果人们不得不共同种植，让动物一起进场吃草，那么显

1 Maitland, *History*, I, 620—621.

2 Maitland, *History*, I, 623.

3 Maitland, *History*, I, 629.

4 Maitland, *History*, I, 630.

5 Maitland, *History*, I, 688.

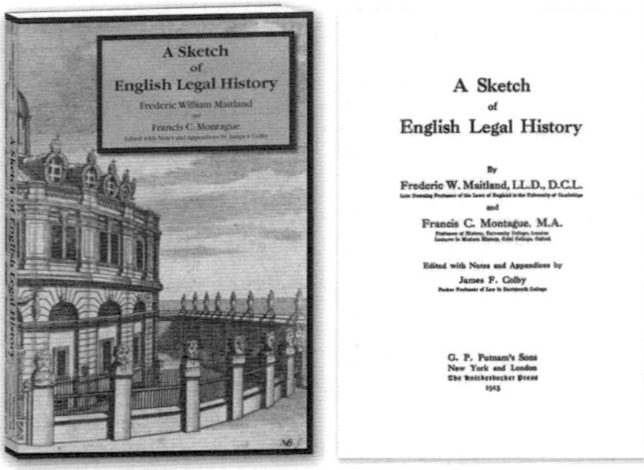

《英格兰法律史概要》

然必须存在某种“共同体组织”。梅特兰在多处回应了这一主张。在一篇题为《古代共同体之生存》(*The Survival of Archaic Communities*)的文章中，他提出了如下观点：“对我而言，似乎关于这些事项的某些指南正处于一种夸大共同体数量的危险之中，共同体的存在在这种开放的农业耕作系统中被视为必要的。我们当然有最清晰的证据表明，在庄园领主控制不过是徒有其表的时代这一系统得到了维持，但它甚至在十八和十九世纪也得到了维持。所以我认为我们也有同样清晰的证据表明，这一系统可以在无法庭也无共同体集会的许多村庄里一个世纪一个世纪地存续下去。没有什么共同体的法律以及对共同体习惯的法律承认这种农业的习惯性进程是绝对必要的；关于土地侵占的普通法足以维持这一进程。”[1] 这一结果的取得“不是基于共同体的权利或法律”，而是“基于其他个体的权利”[2]。换言之，某个人必须像其共同耕作者一样做出行为，如果其行为失当，他就不仅会丧失收成，而且会受到普通法上侵占令状的制裁。而“共同体”在此并不介入。[3]

在《末日审判书及其他》的其中一节，梅特兰对“被征服之前的英格兰”的“村庄共同体”问题进行了分析。他一开始就气势逼人。“有一种流行理论教诲我们，土地在属于个人之前是属于共同体的。这一理论有着显著的含糊不清及模棱两可的特点……”该理论“似乎是在提示而且害怕说出，土地在属于个人之前是属于团体（corporations）的”。梅特兰继续写道：“我们能够理解这种欲说还休。没有哪个留意法律史的人会一脸严肃地说，土地所有权在归属于个人之前是归属于拟制人的。”[4] 他在这里攻击的是“人类学家们”的“常规演化阶段论”。他争辩道：“至少可以说，我们没有证据表明，在日耳曼人中间，土地在归属于组成家庭的个人或那些小型团体之前被持续开垦过。这一点不管是针对作为游牧民族的日耳曼国家，还是针对被其征服过的凯尔特人或罗马人的土地，都是如此。对高卢和不列颠而言，他们似乎带有这样的观念，即可耕作土地应当分配给个人。在某些情形下，他们会适应所发现地区的农业生产框架；在其他一些情形下他们则形成了与其古老家乡

1 Maitland, *Collected Papers*, II, 360.

2 Maitland, *Collected Papers*, II, 360.

3 关于相同议题的另一处结合档案的讨论，参见：Maitland, *Township*, 25.

4 Maitland, *Domesday Book*, 340—341.

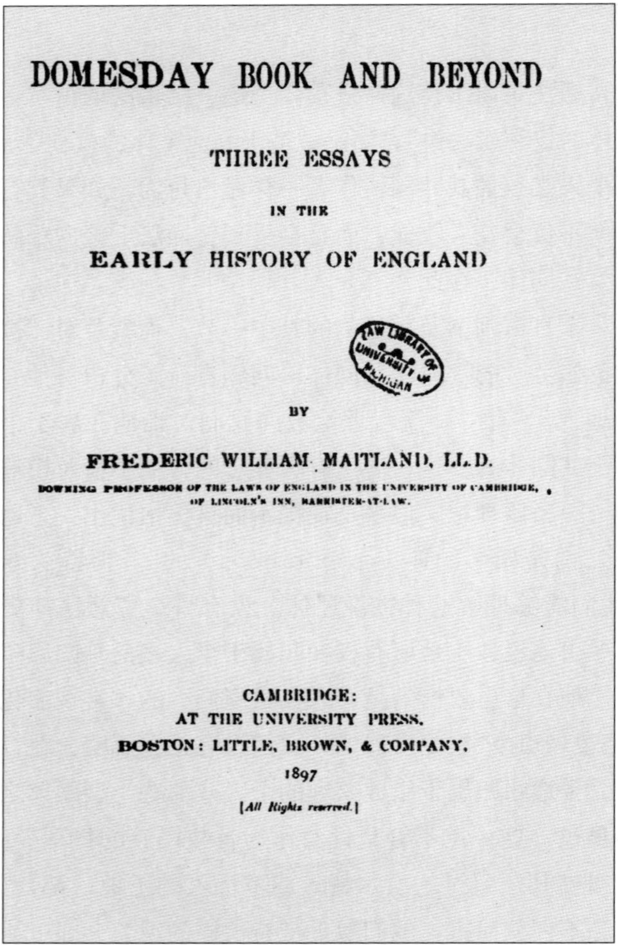

DOMESDAY BOOK AND BEYOND

THREE ESSAYS

IN THE

EARLY HISTORY OF ENGLAND

BY

FREDERIC WILLIAM MAITLAND, LL.D.

DOWNING PROFESSOR OF THE LAWS OF ENGLAND IN THE UNIVERSITY OF CAMBRIDGE, OF LINCOLN'S INN, BARRISTER-AT-LAW.

CAMBRIDGE:
AT THE UNIVERSITY PRESS.
BOSTON: LITTLE, BROWN, & COMPANY.
1897

《末日审判书及其他》

类似的村庄。不过在任何情形下，即便是古老家乡的形式，只要村庄形成了且周围环绕着土地，这种带状农业区域就会被村庄定居者们划分给个人所有。”[1] 因而从最初开始，土地就属于个人或小家庭所有，而不属于某种更大的实体。“尽管可能涉及某种农业合作，我们的证据并不指向一种关于收成的共同体式分配。”在一个脚注中，梅特兰否定了西博姆（Seebohm）的观念，解释了盎格鲁－撒克逊的什一税制度“是如何与最绝对的个人主义相兼容的”。[2]

梅特兰继续写道：“因此，就我们所见的范围，日耳曼农村有着个人主义的坚硬内核。”[3] 他考虑了“共同”的含义并再次发现这些权利是依附于对房屋和带状耕地之特定所有权的，因此“这些‘共同权利’或许可以采用在十三世纪英格兰出现过的那种严格的个人主义形式”[4]。因而，梅特兰通过重复运用 1893 年文章中的材料，他一边倒地提出了“村庄共同体的虚弱性”，因为“村庄共同体没有法庭，没有司法管辖权”[5]。这一体系在 1066 年之后也没有伴随领主制的引入而发生基本的变化。梅特兰引述的证据来自奥威尔（Orwell）的领主，“提醒我们位于村庄中心地位的个人主义内核。房屋和带状区域是个人所有的，依附于房屋和带状区域的是作为个人权利的牧场

1 Maitland, *Domesday Book*, 346.

2 Maitland, *Domesday Book*, 346; and ibid, note 1.

3 Maitland, *Domesday Book*, 348.

4 Maitland, *Domesday Book*, 348.

5 Maitland, *Domesday Book*, 349.

权利……”[1]“村庄共同体”并不比家庭更强，不能在英格兰社会发展中提供一种政治、法律或经济的基础。因此，梅特兰得出结论，否定了从共同体主义到个人主义的这场运动的重大假设，甚至相反的假设也被否定。“总而言之，发展的公式既不是‘从共同体主义到个人主义’，也不是‘从个人主义到共同体主义’，而是‘从含糊性到确定性’，这难道是不可能的吗？”[2]

梅特兰展示了个人从亲属或共同体的压倒性权力中解脱出来的某些方式。但是他也清楚地知道约束个人的其他一些常规性运作的限制因素。其中之一就是关于地位和权力的结构性不平等的力量，这是人们之间与生俱来、不可挑战的优劣地位差异。在适当考虑个人自由的同时，梅特兰也关注到了紧密相关的平等与不平等的问题。

社会等级

关于更高社会等级的问题，梅特兰的一般性讨论呈现于《英格兰宪制史》中。在评估男爵（baronage）性质时，梅特兰认为：“土地所有权是必须关注的重点，血统贵族的观念不是基础。”[3]他承认血统贵族的观念“在我们全欧洲的种族之中确实存在过，如果我们追溯足够久远的话”。因而“上等自由人（eorl）和下等自由人（ceorl）的区别就在于，前者是生而

1 Maitland, *Domesday Book*, 353.

2 Maitland, *Collected Papers*, II, 362.

3 Maitland, *Constitutional*, 79.

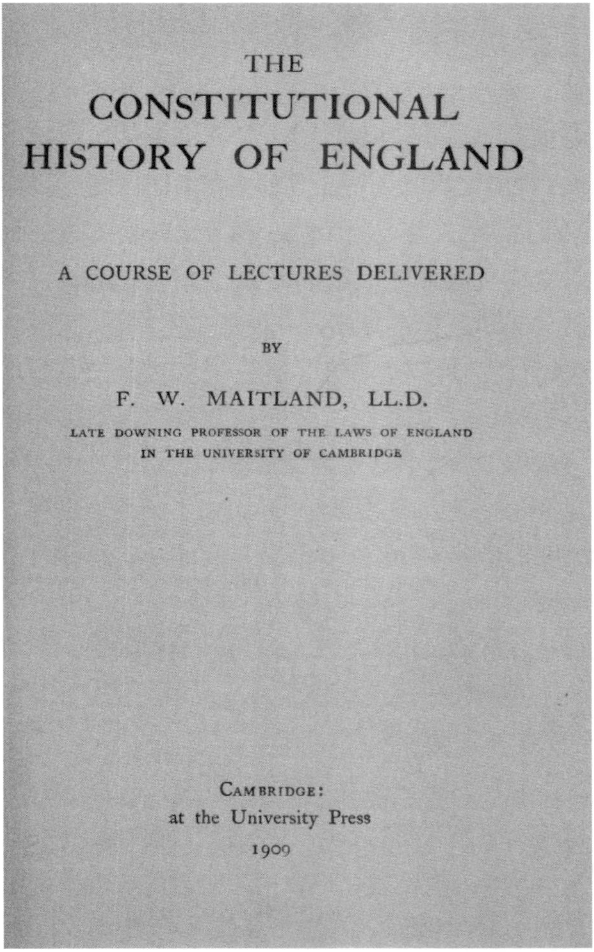

THE

CONSTITUTIONAL HISTORY OF ENGLAND

A COURSE OF LECTURES DELIVERED

BY

F. W. MAITLAND, LL.D.

LATE DOWNING PROFESSOR OF THE LAWS OF ENGLAND IN THE UNIVERSITY OF CAMBRIDGE

CAMBRIDGE:
at the University Press
1909

《英格兰宪制史》

为贵族，而后者生而自由但仍不是贵族……”然而，“在诺曼人征服前的很长一段时期内”，追溯到英格兰的盎格鲁－撒克逊后期，“出生贵族已被土地贵族和职位贵族所取代”。从而“某个领主作为贵族是因为他与国王之间的关系，而这种关系非常紧密地与土地所有相关联……”除此之外，一个人或许可以期待成为“总佃户贵族，一种王室诸侯”。但是诺曼人征服“对这种贵族的形成造成了一定困难”。因为“总佃户群体快速扩大，包括了太多的人，这些人相对而言又显得很渺小……”因而“贵族等级增多，贵族变得渺小；贵族的硬性界线很难画出；或许这正适合国王统治，他可以不画线，也就不必受到一种紧密型的贵族制约束；国王依赖更渺小的总佃户们来对抗更大的封建领主”[1]。

梅特兰认为，出于王权及特殊环境的影响，一种独立的出生贵族不再能够出现于英格兰。与法国的情形相比，他写道：“无论贵族家庭曾经有什么样的社会地位，我们的法律中已无此基础：我们不再可能有一个贵族阶级了。”[2]对此的一个象征与关键性结果是，所有自由人在法律面前一律平等，这是英格兰法至少从十三世纪就已形成的一个核心要素。密尔松很好地总结了梅特兰的视角：“真正切合梅特兰行为的世界本质上是一个扁平化的法律世界，定居着平等的邻人。领主权不过是施加于他人土地上的一种地役权，其内容是固定的和经济性的。领地上的义务及骚乱是重要的，但与人们相关的法律自有其内

1　Maitland, *Constitutional*, 79—80.

2　Maitland, *Constitutional*, 171.

容，和其他问题无关……”这个“扁平化的世界”正是那个建立在不平等基础上的等级化世界的对立物，而后者在欧洲大陆的其他部分得到广泛发展。但是这一扁平化的世界是何时发展起来的呢？密尔松清楚地指出：“无疑是到梅特兰著作覆盖时期的终点，这一世界已如他所见。”[1] 梅特兰的书结束于 1307 年，故密尔松讨论的是十三世纪后半叶。因而，密尔松同意梅特兰的结论，认为到了十三世纪后半叶，我们已身处一个扁平化的法律世界。

梅特兰自己声称：“如果我们关注一下 1272 年的西欧，或许我们会发现被认为是英格兰法最凸显的特征正是其早熟性（precocity）。”它在全国是统一的。它在所有的社会等级中也是统一的。“在英格兰，重要人物的法律成了所有人的法律，因为王室法庭的法律已经成为普通法。”[2] 因而“英格兰法是现代的，因其统一性、简明性和确定性……”[3]

最终意义上，法律建立在契约关系而不是社会地位的基础上。就像梅因认识到的那样，这是封建制的本质。这一点在英格兰生活中随处可见，比如，梅特兰提道：“在我们的英格兰法中，私生子（bastardy）不能被称为一种地位或状况”，一名私生子“是一名自由而合法的人……在所有方面都与其他自由而合法的人一样平等”，这样一种处境与欧洲大陆迥然不同。[4] 如我们所见，平等同样适用于儿童和妇女，其中，儿童

1 Maitland, *History*, I, XIVII.

2 Maitland, *History*, I, 224; and ibid, II, 402.

3 Maitland, *History*, I, 225.

4 Maitland, *History*, II, 396—397.

不因其在家庭中的年龄和地位而处于“父权”之下，妇女不因性别而处于劣等地位。

有两个领域超越了常规法律，带有特权属性，和地位、出生及社会归属有关，即贵族和贵族之下的奴隶。梅特兰对每一个都列出了重要的特征。在其《人的分类与状况》（“The Sorts and Conditions of Men”）的一章中，梅特兰在开头提到，在十三世纪，“普通的英格兰人是自由人，但不是贵族，他已成年，未因犯罪或过错而丧失任何权利，这是法律上典型的人”[1]。当然，还存在其他特别类型的人——“贵族与非自由人”、僧侣、犹太人及外国人等。不过，涉及普通秩序时，“对我们而言，若与同时代的法兰西或任何时期的德意志相比，我们的身份地位法是贫瘠的。换言之，关于人的等级，法律所言甚少。人要么是自由人，要么是奴隶；没有多少要说的。当与土地所有权相比时，身份地位又是不重要的”[2]。因此，“我们的土地法远比我们的身份地位法重要”[3]。梅特兰提到，英格兰作家发现很难翻译拉丁文中的“地位”（status）一词。

回到开头的话题，“我们的法律不大知晓贵族或绅士阶级；所有的自由人在法律面前大体是平等的”[4]。梅特兰声称，考虑到英格兰曾被诺曼人征服，这种平等就很奇怪了：“一个被征服国家很难是一个可以找到平等的地方，与其他地方相

1 Maitland, *History*, I, 407.

2 Maitland, *History*, I, 407.

3 Maitland, *History*, I, 408.

4 Maitland, *History*, I, 408.

比，我们不得不称英格兰是一个例外。”[1] 不过这种平等是那里本就存在的。在强大的英格兰王权之下，一种小型团体出现了，“一个暂时性领主的等级，一个由伯爵和男爵组成的等级”。但是“维系这种团体的原则不是血统贵族的世袭，而是土地所有权和国王意志”。他们拥有的唯一特权是政治性的，他们可以得到国王的咨询。“他们几乎没有任何其他特权。在男爵的一生中，其子女没有任何特权；一旦男爵去世，只有新的男爵才会成为贵族。”在这些“极端稀少”的特权中，所有自由人应当被其同等人裁判——也就是其他的同等贵族。梅特兰解释道，即便是这一权利也不是什么重要的特权，而是很含糊的权利。除此之外“还存在某些微不足道的程序规则用于区分贵族和非贵族”[2]。因而“英格兰普通自由人是没有法律特权的，伯爵和男爵的特权也很少”[3]。

转向讨论骑士，“骑士身份很难算作一种法律地位”[4]。存在一些只有骑士才能做的工作。“因此在行政法上，骑士有责任承担某些特别的任务负担；除此之外就没有什么和纯粹的自由人有差别了。甚至军事服役和免役税（代替军事服役的特定税）也已变成土地权利事项而不是社会等级事项了……”[5]

我们可以再来关注一下社会等级的另一个极端——奴隶（serfs）。“大体上，所有的自由人在法律面前一律平等。”梅

1 Maitland, *History*, I, 408.

2 Maitland, *History*, I, 409, 411.

3 Maitland, *History*, II, 446.

4 Maitland, *History*, I, 411.

5 Maitland, *History*, I, 412.

特兰继续写道："正是因为如此，自由人和非自由人之间的界线看起来才特别尖锐。"那么梅特兰到底怎么看待英格兰的奴隶呢？在1890年的一封信中，梅特兰提及了描述英格兰奴役制（slavery）时的困难之处。"我写过农奴制（villeinage）的问题，困惑于我们的法律对待农奴的方式，它将农奴视为'除了领主之外对一切人是自由的'。"[1]他的核心结论是——尽管他并未直接这样去说——就像贵族制是"国王—领主—土地（所有权）"之间的一种契约关系一样，不是一种身份地位，奴役制（serfdom）也是两个个体之间的一种契约关系。在这一点上，它不同于大部分文明体中作为一种"身份地位"的真正的"奴隶制"。根据中世纪英格兰当时的文本，奴役制这个概念"在诸多要点上都与我们关于奴隶制的观念相冲突"。梅特兰提到了伟大的英格兰法律家布拉克顿，"布拉克顿在处理这一主题时坚持奴役制的相对性。对他而言奴役基本不是一种身份地位；奴役只是奴隶和领主之间的一种关系"。确实，"至少作为一种规则，奴隶在面对领主时并无权利；但当面对其他人时，他什么权利都有，他几乎具有一个自由人的所有权利；他是一个奴隶，这对其他人而言是无所谓的"。梅特兰声称："现在这种相对的奴役关系显然不能称为奴隶制。在涉及人性方面，作为纯粹事物的奴隶就是一个自由人。"[2]

即便在与领主的关系中，具体情形也不是一目了然的。

1 Maitland, *Letters*, no.86.

2 Maitland, *History*, I, 415.

“面对领主时，奴隶不可能具有财产权利。”[1] 然而在实践中，“领主在其法庭上习惯性地将他们作为动产所有人对待，甚至允许他们立下遗嘱……”[2] 梅特兰评论道：“因此再一次，当我们关注事实时，奴隶的状况与其说是无权利的，不如说是无保护的。”[3] 或者“我们提出另外一个无权利的资格问题。布拉克顿不止一次遇到这样的问题，即领主是否可以不受其与奴隶缔结之协议或契约的约束。他倾向于认为要受约束”。布拉克顿声称：“奴隶可以基于单一目的而被视为自由人，亦即获得某些契约性利益……”[4]

至于和其他人的关系，“奴隶在主人之外和其他所有人的关系是简单的：他被作为自由人对待。一旦不涉及主人，刑法在奴隶与自由人之间就没有区别……”[5] 这种自由在涉及财产时最为显著：“在与一般人的关系中，奴隶可以拥有土地和物品，其他财产和占有物，以及所有适当的补偿。”[6] 至于奴隶解放问题，在布拉克顿看来是很简单的。既然布拉克顿“习惯性地将奴役制视为一种纯粹的契约关系”，他“看不到奴隶解放的任何困难；主人通过摧毁这种关系也就摧毁了奴役制”[7]。

所有这一切给我们留下了一种奇特的半途地位（half-way

1 Maitland, *History*, I, 416.

2 Maitland, *History*, I, 416—417.

3 Maitland, *History*, I, 417.

4 Maitland, *History*, I, 418.

5 Maitland, *History*, I, 419.

6 Maitland, *History*, I, 419.

7 Maitland, *History*, I, 428.

position）问题，一种关于身份地位和契约的奇特混合。梅特兰指出："这里的核心观念，即奴役的相对性，是奇特的。它看起来是虚构的，亦即，它似乎背叛了律师们的手艺，后者善于将古代事实纳入现代理论之中。"[1] 他们面对着一种"纯粹相对奴役"的"法学怪物"。甚至这种相对奴役也是复杂的。"当一个领主允许记录下一旦他的农奴佃户去世他就有权占有其最好的野兽时，他若承认无权在缺乏充分理由时占有农奴之动产，就显得过分了。"梅特兰写道："我们在将奴隶描述为不仅针对其主人存在，而且毫无权利时，会显得犹豫不决。"[2] 至于奴隶的数量，我们很难加以估算，因为"土地所有权比身份地位重要得多"，故当时的调查"没有细致区分自由人和非自由人"[3]，这是一种很有趣的坦承。进一步，梅特兰写道："有很大的可能性在于，大部分人并不知道自己站立在法律港湾的哪一边……"[4] 这样轮廓模糊的港湾很难成为一个伟大的港湾。尽管如此，很可能"农村人口中过半数是不自由的"[5]——无论这意味着什么。

所有这些都需要进一步的调查——例如，尽管奴隶在理论上可以被主人当作动产来出卖，但这种事件发生的频率如何呢？经济史学家索罗尔德·罗格斯（Thorold Rogers）写道："在我所阅读过的数以千计的法警档案和庄园记录中，我

1 Maitland, *History*, I, 429.

2 Maitland, *History*, I, 430.

3 Maitland, *History*, I, 431.

4 Maitland, *History*, I, 432.

5 Maitland, *History*, I, 432.

从未遇到过单独的奴隶买卖案件。”[1] 罗格斯还说，奴隶处于一种安全的地位，完全不是无权利的，即便对主人而言也不是。[2] 所有这些或许有助于解释英格兰历史中最奇特的一种沉默现象——奴役制和农奴制以一种什么样的方式，未经任何正式的解放，没有任何告知性的活动仪式，就烟消云散了——它们似乎就像蜕了层皮，自我转变了。

作为结论，梅特兰充分背书了托克维尔阐述过的英格兰独特性的图景并赋予了历史的精确性。在十二世纪到十四世纪的关键时期，法兰西和德意志从契约（封建主义）转向了身份——或者用托克维尔的语言称作“等级”（caste）——而英格兰并没有采取这种“常规”路径。这一不寻常的分殊对于理解后来的阶级社会是非常关键的。例如，休格曼（Sugarman）提道：“英格兰贵族以这种至关重要的方式与其他国家更少贵族性的存在之间产生了制度性差异。这样的事实——唯独有名号的贵族才是可区分的次级分类，只能由相同等级的人加以裁判——与将全部的第二等级作为法律上的特权的国家之间确实存在着重大的法律差异。”[3]

财富与血统地位的不平等是两种“自然”的不平等，在农业社会人们常用以组织社会生活。其他的两种因素，年龄和性别，在家庭之内有着最为强烈的表达，也是两种组织性因素。梅特兰对家庭关系投入了相当的精力，我们可以再次领略他的

1 Rogers, *Six Centuries*, 34.

2 Rogers, *Six Centuries*, 34.

3 Sugarman, " Law ", 40.

图景是如何契合于早期理论家们的。

家庭关系

绝大部分农业社会的一个特征在于，就像财产不属于个人一样，个人也不具有独立的法律权利。粗略而言，家庭是单一的法律与政治实体，最年长的男性即“父亲”对其他人拥有绝对权利：男人对女人，父母对子女，以及父亲对一切人。这就是父权制形式，这种父权（patria potetas）我们不仅可以在人类学家们所研究的简单社会里找到，还铭刻在罗马法中，扩散到西欧诸多的古代政体之中。那么梅特兰的历史分析将如何与这种简化模式加以对比呢？

关于撒克逊时期，梅特兰写道：“完全不能确定……我们应当赋予英格兰父亲以一种针对其完全供养儿子们的持久性父权，即便是谈论诺曼人征服之前的时代。”[1] 至于诺曼人征服后的时期，有关法律地位就更加清晰了。“如果我们的英格兰法曾在任何时期知晓一种与罗马有关的持久性父权，那个时期一定是在布拉克顿时代之前很久就已结束了。十三世纪的法律就和十九世纪的法律一样，将婴儿或未成年人作为一种具有诸多法律后果的特定状况；未成年人受制于特定的行动能力限制，享有法定的特权；但未成年人的法律资格基本不受其父亲生死的影响，而成年的男人或女人就更不受父权节制了……我们的法律并不将这类事情视为‘解放’，它只知道这是成年人应得

1 Maitland, *History*, II, 437.

的。”[1]

同样重要的是，“一个未成年人即便是在其父亲生前也可以拥有所有权”。可以这样来解释这件事：“男孩和女孩通常会继承母亲或母系亲属的土地。在这种情形下，父亲作为‘英格兰法下的佃户’通常会终身持有这块土地，但土地所有权属于孩子。如果一名持相反主张的权利人出现了，父亲不应当在随后的诉讼中代表这块土地；他会‘请求孩子的帮助’，或者确保孩子给出授权，而孩子将会作为独立主体出现在法庭。更有甚者，存在这样的案件，其中父亲对未成年子女继承的土地完全没有权利；对土地的监护权属于某个领主。”[2]进一步来说，“一个未成年人可以提起诉讼；他以自己的适格主体身份起诉，因为他不能指派代理人。即便他有一名监护人，他也不在任何严格意义上在法庭上由监护人所‘代表’”[3]。“这个未成年人的某个‘朋友’（friend）可能诉请到令状并将该未成年人带入法庭”，但“这宗诉讼是该未成年人的诉讼，不是其朋友的诉讼，而法庭将会看到该未成年人的案件诉求已合规提出”。当这种诉讼程序在十三世纪常规化之时，“一旦我们了解到这个‘朋友’不必是该未成年人的亲属，我们就会看到家庭纽带已变得多么脆弱”[4]。所有这些都远离了所谓的父权制模式。如下观念依照绝大部分文明体的标准来看都是非同寻常的：未成年人可以继承独立的财产，可以独立提起诉讼，他们不必为父母

1 Maitland, *History*, II, 438.

2 Maitland, *History*, II, 439.

3 Maitland, *History*, II, 440.

4 Maitland, *History*, II, 441.

的犯罪而负责，在其成年后父母也不必为其犯罪而负责。

甚至更不寻常的是男人与女人之间的关系。梅特兰在诸多关键性文章中都在处理男女地位问题，自始至终都在反对这样一种理论，即女性地位曾经是低下的，逐步“进化”到他所在时代的高度。[1] 梅特兰展示出英格兰法从很早时期就已经将丈夫和妻子作为独立主体对待，因此在英格兰“很久之前我们就选择了个人主义路径”[2]。他进一步展示，在诺曼人征服后不久，妇女就能够继承需为王权提供军事服役的特定土地财产。[3] 他也承认从十三世纪起的婚姻中，一个已婚妇女会丧失某些权利：她的丈夫根据普通法而成为她的监护人，“我们认定这是根本原则”，但丈夫总还是需要得到妻子的同意。[4] 让我们再通过细节审视梅特兰所描述之男女地位的三个方面吧。

关于诺曼人征服之前英格兰女童的地位问题，梅特兰写道：“妇女受制于一种我们现在并不知晓的永久监护权（perpetual tutelage）。年轻女孩可能违背其意愿被强制婚配或者在必要情形下被卖作奴隶；但女童就像男童一样总会长到成年，盎格鲁－撒克逊土地簿显示妇女可以在无需任何监护人干预的条件下接受和作出赠予、制作遗嘱、接受证词及出庭应诉。”[5]“诺曼人征服之后，无丈夫的成年妇女在英格兰有着私法上完全的法律资格；她可以起讼及被诉，可以接受封地、签订

1 Maitland, *History*, II, 403.

2 Maitland, *History*, II, 432.

3 Maitland, *History*, I, 262.

4 Maitland, *History*, II, 406.

5 Maitland, *History*, II, 437.

协议，这些都无需任何监护人同意。”这些与“我们可发现的欧洲大陆相近时期”残余的“妇女永久监护权”大相径庭。

至于夫妻之间的复杂关系，梅特兰发现一种更为平等的关系反而在从十四世纪到十九世纪的演变中被部分削弱了。因而，“整个十二世纪及十三世纪，我们惯常地发现已婚妇女专门从事着那些在后来的法律中不能有效从事的事务”[1]。不过，通过婚姻财产契约与衡平法院，“如果属于更富有的阶层，英格兰妻子就能完全脱离丈夫的控制。现代法律则将这种自由扩展至所有的妻子”[2]。这里再一次见证了英格兰普通法及衡平制度与十四世纪以来的欧洲大陆法律之间的分野，后者有着一种平等主义的制度，其中丈夫和妻子要归并或完全共享财产，这实际上导致妇女处于一种缺乏独立权利的受困地位。梅特兰不仅解释了英格兰妇女的现代自由是如何从针对严厉或不正义法律的反对中产生的，还指出：“我们还可以说，如果我们追踪现代法律的产生过程，有必要表明我们中世纪的律师们应当反对那种共同体的观念，该观念很自然地渗透到他们那时的种族与时代之中。我们或许可以确切地说，假如他们致力于发展那种观念，与我们的普通法相比，作为结果的制度将深陷已婚妇女‘解放’的任务之中且构成这一任务的更强有力的阻碍。在其他地方，我们发现夫妻共同体得以成长和兴盛，抵制着罗马主义的所有攻击并在现代法典中大获全胜。”[3]

1 Maitland, *History*, II, 411.

2 Maitland, *History*, II, 433.

3 Maitland, *History*, II, 433.

至于十三世纪的私法，“妇女如今在所有的私法上都与男人平等了。确实，继承法显得更偏向于男人；但不是很强的偏向，因为女儿在继承上可以排除死者的兄弟，而关于监护和婚姻的法律尽管在男女之间存在某些差别，但几乎是同等严厉的。不过妇女可以拥有土地，甚至包括军事服役，也可以拥有动产、制作遗嘱、缔结契约，以及起诉和被诉。她可以无需监护人的干预独立提起诉讼；她可以自愿以自身名义提出请愿；事实上——这是一种强有力的证据——一个已婚妇女有时可以充当其丈夫的代理人；一个寡妇通常会是其子女的监护人；一个夫人通常也会成为其佃户子女的监护人”[1]。

当然，关于公共职能，妇女几乎被排除在所有的公共角色之外。梅特兰总结了一下这种地位：“关于私权利，妇女和男人处于同一水平，尽管在继承规则上有所延迟，但她们没有公共职能。在兵营，在市镇委员会，在议会，在陪审团，没有她们的一席之地。”[2]

我们因此处于一种居间评价的地位。根据未婚女人和寡妇的地位，她们的私法地位与今天一样。至于已婚女人，她们处于丈夫的“监护”之下。至于公共事务，她们在很大程度上被排斥。我们没有根据来设想她们的地位自盎格鲁 - 撒克逊时期以来有多大改善，在十三世纪到十九世纪之间，她们的地位或许还有所恶化，但与欧洲大陆的许多妇女相比显然轻微得多。托克维尔在美国观察到的妇女的较高地位就是这一状况的直接

1 Maitland, *History*, I, 482.

2 Maitland, *History*, I, 485 .

结果——即便触及他对妇女私法角色与公共角色极端分离的分析，但这正反映了梅特兰的主张。

从梅特兰对封建、家庭及共同体关系的处理考量中，我们可以看出他阐释了一幅特有的图景，该图景丰富并证实了孟德斯鸠、亚当·斯密及托克维尔的相关猜想。梅特兰展示了英格兰的某些结构性的特性。个体更加自由，社会结构更富弹性。总之，经济、亲属与政体的关键性分离——梅特兰认为出现于盎格鲁-撒克逊时期的英格兰——演变生成了一种独特的封建制形式，这种形式与欧洲大陆大部分“封建制”社会的演进路径大相径庭。因此，梅特兰提出了一种叙事框架，填补了早期猜想的空白，显示了那种走向僵化的广泛趋势为何不曾发生在英格兰。

梅特兰在这里的解决方案引导我们进入下一步的问题，尤其是让我们想知道，为什么在1200年之后的重要时期，英格兰保持了自身的弹性与分权，而同一时期的诸多欧陆国家却转向了集权以及政治与经济、政治与宗教的重新结合，成为一个身份型社会。梅特兰显示了英格兰是独特的。他需要解释英格兰为什么是与众不同的，以及更重要的，为什么能够保持不同。

6 法律体系之分野

如果我们完整收集梅特兰的所有研究，他所描述的故事图景在本质上就是下面的样子。西北欧大部分国家的法律、政治与社会制度在从罗马帝国崩溃到大约十二世纪之间的长时段内都是大体相似的。除了以下事实外英格兰没有什么特别之处：遭到日耳曼部族的三次过度冲击（盎格鲁－撒克逊、维京和诺曼人），与欧陆大部分国家相比经历了较低程度的罗马化，它是一个极端的例子，带有日耳曼体系之北德意志和斯堪的纳维亚的特征。直到十二世纪，英格兰与欧洲大陆之间的分野才变得日益清晰，很大程度上体现为如下事实：在英格兰，国王、领主与民众之间的关系保持平衡，财产依据契约而持有，亲属权利没有得到重建。换言之，当欧陆大部分国家开始转向一种高度分层化的“农民”或“等级”体系时，英格兰却朝着一种个人化与开放化的社会结构方向发展。这与托克维尔的论述惊人地相似。

当然，问题在于英格兰为什么没有遵循欧陆大部分国家的演化进程。最终意义上，梅特兰的答案似乎落在了政治和法律领域。核心所在是王权问题。一方面，这是一种聚焦于王权的强大、高度集权且法律化的体系，这种体系使英格兰变得与众不同。不过梅特兰也非常详尽地运用档案说明了诸多的"中间行为体"（intermediary bodies）及其制约平衡机制，它们的存在就避免了司法集权向行政集权和政治绝对主义的转变，而孟德斯鸠和托克维尔在欧洲大陆看到了这种转变。英格兰的王权既是强大的，又不是绝对的。追随斯塔布斯，梅特兰在大量的具体情形和一系列貌似自相矛盾的评述中把握王权地位的特征，抓住了事实的本质，即王权既是权力和法律的源泉（font），但又不是绝对的。"国王可以为非；他可能犯法；他在法律之下，尽管他不在任何人及任何法庭之下。"[1]因而"国王的权利更多是在程度上而不是类别上被认为不同于其他人的权利。"[2]《自由大宪章》（*Magan Carta*）只是确认了长久存在的事实，即"国王……在上帝和法律之下……国王有义务遵守法律"，这种观点福蒂斯丘（Fortescue）在十五世纪进行过精辟阐释，也早就被布拉克顿扩展解释过。[3]

这里存在一种矛盾。英格兰是欧洲最集权、规则约束最强和管治最充分的国家，王权能渗透到每一个公民层次，就像每个公民持有的都是王权的财产一样。另一方面，这里没有大规模的官僚制与常备军，存在的是强大的中间自由体、大量的受

1 Maitland, *History*, I, 515—516.

2 Maitland, *History*, I, 512.

3 Maitland, *Constitutional*, 100, 198—199.

委托权力与快乐。梅特兰对孟德斯鸠和托克维尔勾画出的草图进行了细节填充，显示了这一图景是如何运作及演化的。尽管他有时也会提及“某些根植于我们民族性格中的原因”[1]，但他对这类模糊不清的概念关注甚少。相反，他聚焦的是一系列历史“事件”。这些事件包括英格兰的岛屿性、诺曼人征服、安茹王朝统治者的天赋等等。没有什么和“种族”有关，没有什么是由日耳曼起源所决定的。不过起源、习惯、语言及其他许多因素也是这一非凡化合物的组成部分，由此催生出了这个小岛上日益奇特化的存在状况。

在某种意义上，要去理解这种独特性是为何以及如何通过结构性因素与事件性因素之混合而出现的，人们就需要去书写一种详尽的英格兰史。当然，简单而言，我们可以追踪梅特兰对两大兴趣主题的求解来获得理解，即英格兰法与罗马法的关系，以及社团与信托的发展。这两者均为梅特兰提供了解决方案的钥匙。

*

梅特兰对英格兰法与罗马法之间日益增长之分野的评述散见于他的著作之中。尽管梅特兰深度研读过欧陆法，与大量的一流罗马法学者保持通信，甚至编辑过比较法哲学大师之一奥托·基尔克（Otto Gierke）的部分作品，但其参考资料通常还是间接的和简要的。如果他对每个国家法律传统的考察都如

1　Maitland, *History*, I, 344.

同对英格兰那样详尽，他的著作就会丰富无比。因此他的比较评述就必须置于当时已出版的那些关于欧陆法和英格兰法的比较研究材料之中。[1]他关注着有关差异的英格兰一边，同时接受了欧陆一边的既定结论。有人会疑惑，梅特兰是否夸大或扭曲了这种差异，基于这一原因我将在后面几个章节提供来自法国的最伟大的比较历史学家马克·布洛赫的有关评估。显然，梅特兰的著作还必须放在孟德斯鸠、亚当·斯密及托克维尔他们先前作出的详细的比较论述之语境中加以解读，梅特兰的分析与他们保持着本质上的一致性。

梅特兰提到，在十二世纪到十六世纪之间，北欧多数国家接受了一种复兴后的罗马法。他声称："英格兰人应当放弃他们的传统信念，即从始至终欧陆国家都是被'民法'（亦即罗马法）所统治的，他们应当认识到复兴的罗马法教义是如何非常缓慢地进入巴黎高等法院之法理学的，而在日耳曼，人们对罗马法的'实践接纳'经历了多么漫长的抵制，以及我们的普通法曾经与一种法兰西习惯法多么相似。"[2]

到了十三世纪，英格兰开始看起来迥然有别于欧洲其他地区，不是因为英格兰改变了，而是因为罗马法没有在那里建立起来，"英格兰法至此被认为是独特的英格兰模式"。这种对比感受不断得到强化，因为尽管到了十三世纪，"罗马法理学缓慢地穿透进入北部法兰西并非常艰难地触及德意志"，许多英格兰人还是认为整个欧洲当时已有了成文的罗马法，这"使得

1 例如：Vinogradoff, *Roman Law*, Stein and Shand et al.

2 Maitland, *History*, I, XXXVI.

强烈的对比更为凸显”[1]。确实，到了十六世纪，英格兰仍然是一个带有古老日耳曼法律体系特征的岛屿，一个远离罗马法主导性影响的岛屿。

体系分野的例证很多。例如，关于契约法，“显而易见，至少在十三世纪，我们英格兰法就走上了自己的发展道路”[2]。关于继承，在许多欧陆国家都存在对罗马理念的部分“接纳”，但“在中世纪，罗马制度在英格兰无迹可寻”[3]。对家庭土地更宽泛的同族权利主张，可以在弥漫欧洲诸多国家的“新法理学中找到一种正式的认可”，但是在英格兰找不到。[4]当诺曼人和安茹人来到英格兰时，他们强化、修正并发展了一种不同于其家乡的制度。“我们既不能将继承法中的责任负担扔给诺曼人，同样也不能指控安茹人。”[5]因此，“在讨论十三世纪之后的任何世纪之法律时，英格兰法律史学家可以不提罗马法和教会法，因为……这些法律处于一种高度从属性的地位，有特别法庭加以管理，且对英格兰普通法即便有影响也非常微弱”[6]。

这一差异的影响是巨大的，梅特兰相信其中包含着政治绝对主义未能在英格兰发展起来的原因。“英格兰普通法足够坚韧，是曾经出现过的最坚韧的事物。它在都铎王朝和斯图亚特王朝时期尤其如此。这是一种更简明、更理性也更优雅的制

1 Maitland, *History*, I, 188.

2 Maitland, *History*, II, 185.

3 Maitland, *History*, II, 361.

4 Maitland, *History*, I, 344.

5 Maitland, *History*, I, 266.

6 Maitland, *Collected Papers*, II, 30—31.

度，应当成为专制统治的一种替代。有时法官可能显得太过卑躬屈膝——国王可以凭一时喜怒随意撤销法官职位——但这种繁杂、庞大的制度，尽管可能会弯曲，却绝不会折断。它曾经弹回和挫败过试图控制它的那些治国权术。最强势的国王、最能干的大臣以及最粗鲁的领主保护人都不能撼动这一‘人造的杂物’（ungodly jumble）。”[1] 梅特兰再次写道：“我们古老的法律保持了连续性……它安然走过了严峻的十六世纪，并准备好了在十七世纪挺身对抗暴政……如果我们放眼国外，就会找到很好的理由认为，如果没有这些制度，我们古老样式的国家法……就会崩溃，这种‘人造的杂物’就会让位于罗马法理学及专制主义。”[2] 相反，普通法得到了维系，它带着这样含混但强有力的假定，即国王不在任何人之下，但在法律之下。

显然，相对于罗马法的一种替代性法律体系的维持与发展是解开英格兰独特性谜题的钥匙。这是如何发生的？我们在这里只能总结梅特兰宽广线索中的一部分。如托克维尔所言，首先要看的是“起源点”（point of origin）。在诺曼人入侵之前，相关差异已然存在。这部分归因于这样的事实，即日耳曼多次入侵的影响是不同的。在英格兰，罗马文明被移除了。但是，“在那些由哥特人和勃艮第人建立的王国里，侵入的日耳曼人只是人口的少数，大部分是高卢罗马人及蛮族……日耳曼人将侵入视为充当罗马皇帝臣民或盟友的行为……”[3] 这在某种意义

1 Maitland, *Collected Papers*, II, 484—485.

2 Maitland, *Collected Papers*, II, 495—496.

3 Maitland, *History*, I, 13—14.

上有助于解释罗马文明以其法律、宗教和语言的形态而得以重返法兰西、西班牙和意大利，但在英格兰却做不到。在英格兰，“没有大量的罗姆人（Romani），他们都生活于一种退化及粗俗形式的罗马法之中，随着时光流逝，只有教会去罗马法典及《学说汇纂》（*Code and Digest*）中寻找法律”[1]。

如果我们比较一下欧洲大陆和英格兰的具体状况，差异就会变得更为显著。“在欧洲大陆，罗马法从未消逝。蛮族入侵之后，罗马法仍然是被征服行省的‘人法’（personal law）。法兰克人、伦巴第人以及其他胜利者族群生活于他们古老的日耳曼习惯之下，而被征服者则继续生活于罗马法之下。随着时间推移，定居者多数适用的‘人法’成为他们所定居国家的领地法（territorial law）。罗马法再次成为意大利及南部法兰西的普遍法；但罗马法的这一复兴丧失了其纯粹性，成为一种低劣、粗俗的罗马法，更多是在传统习惯而不是经典文本中找到法律，那些习惯很少为人所知。直到十二世纪初才出现重大变化。博洛尼亚（Bologna）的一所法学院开始研究和教授《学说汇纂》，查士丁尼大帝在其中保存了那个黄金时代伟大法学家们的智慧。一种新科学开始从博洛尼亚向外扩展。”[2]

盎格鲁－撒克逊时期英格兰的状况则有不同。“在教会领域之外，训练有素的眼睛时刻紧盯着盎格鲁－撒克逊法律文本，没有发现任何罗马法的蛛丝马迹。即便在教会领域，现代研究也表明，中世纪教会财产法，教会‘采邑’（benefice）

1 Maitland, *History*, I, 24.

2 Maitland, *Collected Papers*, II, 439—440.

的法律，已被日耳曼观念所渗透。这在高卢和意大利也一样，而对英格兰来说则更是如此，在英格兰基督教曾一度消失。进而，在英格兰制定的法律从一开始就是用英格兰方言写成的；这使得英格兰法律在日耳曼民间法学者眼中被赋予了独特价值，因为即便是非常古老和野蛮的《萨利克法典》也是拉丁文本，尽管许多古老的法兰克词已被吸收进去。我们也注意到——这一点具有高度的重要性——在英格兰不存在'罗姆人'的任何遗迹，后者不得不生活在其日耳曼统治者制定的法律之下。"[1]

因而，到了诺曼人征服的时期，法兰西和英格兰之间已经存在重要的差别了。这一差别还因为英格兰之地理的事实而被扩大。梅特兰在论及英格兰法律与政治体系高度一致性时写道："我们必须记住我们国家幅员小，地势平坦，边界明确。"这一点持续作为一种非常强有力的背景因素："实际上，在我们的研究工作进程中必须时常回溯'英格兰是小国，它可以被统一的法律所管治；它似乎特别欢迎普遍的立法'这个念头。"我们应当再一次提及"英格兰王权在其统治期间保持了国家的统一性：国家没有被瓜分给兄弟姊妹。"进一步来说，"教会和国家之间的一种紧密而令人困惑的联合避免了一种独立教会法体系的发展，后者即便不会反对也会与王国的法律相冲突"[2]。

1 Maitland, *Selected Essays*, 100. 类似的描述也可参见：Maitland, *Collected Papers*, II, 428—429.

2 Maitland, *History*, I, 20—21.

地理事实意味着英格兰成为一个民族和一个国家。关于十二世纪和十三世纪，梅特兰写道："在英格兰没有必要使国家重新结构化，而占据了法兰西历史的很大空间，且无论好坏，罗马法律文本为法兰西向心性的君主力量提供了有力的协助。在英格兰，新的研究发现了一个小型、同质、被征服及良好管治的王国，一个强大且具备立法性的王权。这种状况很快就到来了，它教会我们很多，也存在着对外国教义的良性抵制。"[1]

对"良好管治"的提及将我们带向了梅特兰后面的两种理论。诺曼人征服及随后安茹王权的发展，其结果在于使英格兰更加同质化且更加统一。例如，根据法律，"王室法院的习惯法就是英格兰的习惯法并成为普通法"[2]。或者更生动地说："我们的制度是一种单一性制度，围绕着威斯敏斯特大厅演化发展。"[3] 在英格兰，"国家不是一个封建共同体组成的体系；国王至上，直接统治着每个人"[4]。当然这种直接统治也是一种保护，例如保护臣民免受领主们的压迫。比如，根据1166年关于新近侵占（novel disseisin）的制定法，"对自由房屋的依法占有，无论曾为哪个领主所持有，均受到国王的保护"[5]。

因此，问题的部分答案在于，王权如此强大，它"保

1 Maitland, *History*, I, 24.

2 Maitland, *History*, I, 184.

3 Maitland, *Collected Papers*, I, 483.

4 Maitland, *History*, I, 688.

5 Maitland, *History*, I, 146.

护”着个人，不仅针对个人的在上领主，也针对教会或家庭的强大权利主张。“在英格兰这里，古老的家庭安排已被领主权利主张撕裂。”[1]家庭与法律之间没有重叠，就像法定亲属团体之缺失破坏了家庭与宗教之间的纽带一样。这一点又得到了宗教体系的强化，因为“日耳曼人所接受的基督教……不是一种在家庭生活中居于中心地位的宗教……继承人不可能提供赎罪性的牺牲，也不可能在其家中提供；没有任何神职传承给他”[2]。

那么到底怎么来看十二世纪以来遍及全欧洲的对罗马法兴趣的上升呢？梅特兰在这里发展了一种非常微妙的论证，我们或可称之为“接种”（vaccination）理论。英格兰确实吸收了罗马法的某些要素，亦即某种系统性和清晰性，以便使其自身法律更为完善。不过这已足够使其在后期预防罗马法的整个体系被接受。

*

梅特兰意识到罗马法在十二世纪尤其是十三世纪确实对英格兰法有一定影响。十三世纪以来，罗马法在整个欧洲横扫一切。“在十三世纪，巴黎高等法院开展了针对北部法兰西各行省之习惯的和谐化与理性化的整理工作，它的做法是将有关习惯罗马法化。在十六世纪，‘文艺复兴’之后，意大利法理学

1 Maitland, *History*, II, 445 .

2 Maitland, *History*, II, 257—258 .

主导了德意志，移除了后者大部分的旧有国家法。它在德意志发现了一个缺陷，因为那里存在的是未集权化的司法体系，它就很容易取胜。”[1]

对英格兰而言，“罗马法来自更早的时期”，以至于“很少有什么大学敢于夸耀自己的罗马法学院比牛津更古老”[2]。从而“在一段时期内，从十二世纪中叶到十三世纪中叶”，罗马法的影响是“非常强大的”。“某些重大的准则及更多的具体规则被适当纳入，但总体而言被吸收的还是逻辑、方法和精神，而不是具体事项。”[3]这种影响的程度和限度可以在中世纪英格兰最伟大的法学家布拉克顿的著作中看到。“他是一名神职人员，是教会的执事长，但在许多年来他却是国王的一名大法官。他阅读了大量的意大利法理学著作，主要是博洛尼亚的著名博士阿佐（Azo）的著作。他由此获得了自身关于法律教材书应当是什么以及法律应当如何编排及表述的观念；他还借用了罗马法的某些准则和具体规则；他据此可以填充我们英格兰法律体系的若干空白。但是他也让我们看到了在罗马法化的方式上不可能做得更多了。”[4]

布拉克顿主要依赖的是英格兰普通法，因为他发现数量庞大的令状和先例构成了一个体系，而“由专业法官组成的王室法院——这在任何外国土地上及任何未征服土地上均很难发现——已经为英格兰迅速发展出了一种普通法，建立了一种

1 Maitland, *Collected Papers*, II, 441.

2 Maitland, *Collected Papers*, II, 441.

3 Maitland, *Collected Papers*, II, 443.

4 Maitland, *Collected Papers*, II, 444.

严格且正式的程序流程，而且束缚了所有后来法官的手脚”[1]。结果，他的著作不是引领了罗马法，而是产生了相反的效果。“从布拉克顿时代开始，罗马法对英格兰普通法发挥着最为微弱的影响，而且这种影响还更多是以相互排斥而不是相互吸引的方式产生的。英格兰法在这一早期阶段已经吸收了足够的罗马主义，以至于它可以抵挡住所有的未来攻击，甚至可以安然走过形势严峻的十六世纪。”[2]就在布拉克顿写完自己的法学论文后不久，爱德华一世（1272—1307）治下见证了“英格兰制度最终定型，并将延续到未来若干世纪”[3]。

布拉克顿著作以及罗马法在英格兰仅取得超过微小立足之地的失败还应归结于许多其他因素。其中之一是安茹国王们的立法能力及王室司法的扩张。梅特兰以其特有的生动方式描述了发生的故事。假如盎格鲁－撒克逊法律保持完全不变的话，英格兰法律体系就会“撕裂成诸多的地方习惯，而在未来的某个时刻，英格兰人一定会从外部罗马法那令人无法容忍的混乱中寻求救济”。这种状况并没有发生，因为除了其他因素外，“在亨利二世治下，王室法院的职位和程序对各色人等开放，该机构为了司法目的不再作为男爵们的临时军事集会，而逐渐成为职业化的司法机构，以巡回法院的名义定期在全国各郡县出现。接着就是那个使得王室法院习惯成为英格兰普通法的过程”[4]。因而“在十二世纪中叶”亨利二世“将英格兰的整

1 Maitland, *Collected Papers*, II, 444.

2 Maitland, *Collected Papers*, II, 444—445.

3 Maitland, *Selected Papers*, II, 105.

4 Maitland, *Collected Papers*, II, 434.

个司法体系集中于一个由精通法律的职业化法官组成的法院。他可以因此赚钱——在中世纪没有免费的司法，也可获得权力——他可以控制甚至饿死各地的封建领主法庭。他在为整个国家提供王室司法时，就是在提供一种强大而极具影响力的公共品。我们很快就看到很少有人——自耕农及普通农民——再去光顾古老的地方法庭，而是直奔威斯敏斯特大厅，就他们的琐碎小事提出司法诉请”[1]。梅特兰相信："亨利国王及其能干的大臣们来得很及时——稍晚一点儿就会太迟，英格兰法照样会统一，但将会是罗马法化的。”[2]英格兰体系当然也有缺点，“但若论及事物的政治方面，尤其是罗马法带来的绝对君主制，或许对我们以及对世界而言，我们都要庆幸自己跌跌撞撞地以我们的经验范式前进，而且钻进了智慧之中”[3]。

对梅特兰而言，故事到这里并没有结束。他对罗马法在十六世纪尤其是在德国的复苏和扩展印象深刻，声称英格兰再次侥幸地避免了罗马化。[4]他的焦虑似乎有所夸大，因为在他之后的许多历史学家审视过这个问题，认为菲利普二世的实际征服之后不久，英格兰并没有出现任何接受罗马法的可能性。梅特兰自己也指出，到了十三世纪末期，英格兰和大部分欧陆国家的法律轨道已确定性地分岔了。

不可否认，罗马法对生活的每个领域都造成了诸多影响，

1 Maitland, *Collected Papers*, II, 438.

2 Maitland, *Collected Papers*, II, 438.

3 Maitland, *Collected Papers*, II, 439.

4 Maitland, *Selected Essays*, ch.VII .

它改变了政治关系、社会关系及宗教。在后来的一篇题为《政治体》（*The Body Politic*）的论文中，梅特兰对英格兰与欧陆分野的某些原因进行了揣测，他作了进一步的陈述。在论及意大利、西班牙、德意志、北欧低地国家、法兰西和英格兰时，他写道："在那个严峻的时代，即 1150—1300 年，不列颠是所有国家中唯一不存在异端迫害的国家，其中没有任何异端遭到检控。"这对法律影响深远。"所有其他地方，由教皇英诺森三世（Innocent III）确立的异端审判程序成为世俗法庭的模板。"梅特兰承认这不是体系分野的唯一原因。"假如我要再说些什么的话，我将会提及使十二世纪的英格兰成为所有欧洲国家中最可治理也治理得最好的那些原因，因为假如托克维尔在 1200 年造访我们，他回家后就会将英格兰文明与英格兰官僚制告诉他的同胞。"尽管如此，他继续写道："我可以毫无疑问地宣布，当我们提到天主教异端（Catharan heresy）时，我们已经将自己的手指按在了体系分野的一个极端重要的原因之上。"他提到作为异端的卡特里教派（Cathar）或阿比尔教派（Albigensian）成了"法兰西南部的风尚"，尤其是在朗格多克省（Languedoc）。不过他决定避开这个话题，以宣称如下结论来结束论述：英格兰历史尽管存在与欧陆的分野，仍然和其他国家历史一样"正常"。

总之，在考量这种日益扩大之体系分野的广泛原因时，梅特兰的心智并没有停留在罗马法、宗教甚或岛屿性之上。他开始看到，也有可能去探查一种在很大程度上被忽视但却极其重要的原因。

THE COLLECTED PAPERS

OF

FREDERIC WILLIAM MAITLAND

DOWNING PROFESSOR OF THE LAWS OF ENGLAND

EDITED BY

H. A. L. FISHER

VOLUME III

Cambridge:
at the University Press
1911

《梅特兰选集》(1911 年版)

7 成员与信托

在考量自由、平等与财富在时间进程中的平衡关系时，梅特兰有效驳倒了十九世纪著名的正统学说的一端，这一端构成绝大部分社会演化思想的基础。他曾表明，不是所有的文明体都是从这样一个世界开始的：个人被整合在共同体之中，契约完全从属于身份，等级制和父权制普遍存在。不过，他如果不能重构那个著名的假设性转型的另一端，他的伟大成就将不会完全实现。他必须重新思考被假定为由契约、个人主义及平等所构成之现代世界的性质。

在其生命的最后几年里，梅特兰设计出了一项研究这一重新思考如何进行的计划。他还未来得及实施这一计划的细节，就去世了。但我们可以根据他提供的线索看到他最终协调那些重大矛盾的方式，他在年轻时关于自由和平等的资格论文中曾纠结过这些矛盾，即亚当·斯密的“自私之爱”（self love）和“社会之爱”（social love）如何和谐共存，以及托克维尔关于平等和自由协调一致的目标如何达成。梅特兰通过去探索他确信为英格兰对世界最有突出法律贡献的信托制度来解答这一问题。这是偶然产生的一种制度，不是来自罗马法，但却成了与身份和契约相并列的社会组织化的第三大原则。正是信托为现代自由、财富和平等提供了基础。

*

梅特兰自问，政治自由、经济繁荣和法律框架之间的纽带可能是什么。托克维尔分开处理了解决方案的部分因素。他提出，在欧洲大部分国家都存在着中央权力废除所有中间性权力体的发展趋势，也就是收回先前赋予城镇、地方集会与议会的任何特权。所有曾经从国家那里获取权力的社团组织都变成了一种威胁，因而国家必须削弱它们的权力。结果是只剩下国家与个人，中间所剩无几。个人很少有什么结社方式不会引起国家猜忌。由于宗教和经济的分殊及发展要求形成次级单位——宗教礼拜、贸易及制造业——这种终结一切次级团体的趋势最终将废除政治、宗教与经济自由，同时也将终止朝向财富的发展进程。[1]

托克维尔也看到了有一个国家似乎沿着不同的路径发展。他在著作中特别强调美国的自由结社，美国人长期实践这一权利。这些社团是美国人宗教、社会与经济活力的本质。没有这些社团，财富和自由将再次消失。托克维尔割裂了将社会与法律形式和宗教与经济自由联系起来的结构性机制。他所缺乏的

1　福山（Fukuyama）在论信托的作品中大体支持了这样的观点。

正是关于中世纪欧洲法的训练及深刻的知识，因而看不到这一发展的“分离点”（point of departure）。他追溯到英格兰，但就像对其他特征因素的探索一样，未能进一步把握到本质。从梅特兰那里我们能够获得一种答案。[1]

梅特兰开始论述基于罗马法的社团发展问题，因为在个人层次之上存在着成立某种团体的普遍需求。“每一个达到一定成熟度的法律体系都不得不在日益增加的人类事务复杂性压力下创设出非人的法人，抑或（这可能是更真实的陈述）承认这种人已经到来并将实际存在，需要对其权利和义务加以规制。”[2] 关于有待创设的这种人的本质，也就是社团或“化身”（embodiment），梅特兰进行了具体描述。“问题的核心似乎在于，基于诸多目的，某些组织化的人的团体被视为一个有着独立权利与义务的单位，不同于全体成员或部分成员的权利与义务。这一整体的真实性不必然是各部分总和的真实性，而各部分总和的真实性也不必然是这一整体的真实性。例如，这个社团可以拥有土地，但其土地并不为全体成员所有；另一方面，如果全体成员是某个物品的共同所有人，那么这个物品也并不为该社团所有。从十三世纪开始就是如此，律师们已经将社团归于一个‘拟制’或‘人造’的‘人格’（personality）。”[3] 我们被告知：“据传，1243 年荣任教皇英诺森四世的西尼巴尔多·费希（Sinibald Fieschi）首次以较大篇幅

1　关于梅特兰作品的某些背景，尤其是与德意志法理学和基尔克作品的关系，参见：Runciman, *Pluralism*, in particular chapters 3—5.

2　Maitland, *History*, I, 486.

3　Maitland, *History*, I, 488.

宣称社团是拟制的人。”[1]

社团因而具有相当可观的权力。关键问题是，它是从哪里获得的权力。关于英格兰市镇（boroughs），梅特兰认为："社团必须是王室特许状的结果……国王造就了这一切。他在事实上和名义上构成并树立了一种团体性和政治性的组织体。"[2]梅特兰就意大利模式给出了更为完整的社团发展理论。"意大利的神圣文本是非结社的人民法律。罗马法理学始于对公法和私法的截然划分，在'一种绝对主义的公法和个人主义的私法'中得到了最高程度的发展。源自罗马法的社团理论可能（这或许是最直接的路径）归入王权绝对主义，或者归入一种纯粹的集体主义（在此语境下是'个人主义'的别名）；但若考虑到有生命力团体的思想，它就无处安身了；它被谴责为'原子论'或'机械论'。"[3]梅特兰确信："如果我们有义务合法地构造和维持舒适的家园，其中有机的团体可以生存及享有国王承认的'结社自由'，哪怕是一点点，我们也只能通过罗马的共同所有概念（co-ownership）与合伙概念（partnership）来完成。我们被教导认为这两个概念是高度个人主义的分类；甚至比英格兰法中的同等分类更加个人主义化，因为它们之中不存在'联合性'（jointness）。"[4]这就导致了著名的"特许权理论"（Confession Theory）。也就是说，"社团是且必须是国家的创造物。国家必须与这个拟

1 Maitland, *Township*, 18.

2 Maitland, *Township*, 18.

3 Maitland, *Political Thought*, XXVIII.

4 Maitland, *Political Thought*, XXX.

制的生命同鼻孔出气，否则这个拟制的生命就了无生气，只是个人化的尘埃而已”[1]。因此，“社团不是自然生长出来的，它必须是人造的，通过议会、国王或教皇的行为完成……”[2]大体而言，“如果社团人格是一种法律拟制，它就是国王的礼物”[3]。梅特兰引述了一种经典的定义：“社团是一种特许权（franchise）。”并评论道：“特许权是掌握在国王之手的国家权力的一部分。”[4]

这种国家来源的绝对主义因素在梅特兰那里得到澄清，即“我们所理解的罗马社团法教义是寻求将中世纪国家转型为现代国家的那些力量的一种可选工具。中世纪社会的封建主义结构遭到威胁。我们不再看到作为共同体的政治体，后者是一种团体制度，每一个团体也同时是一个团体体系。所有介乎个人与国家之间的组织都处于一种派生性和不确定的生存状态中”[5]。吊诡的是，社团不是去强化与国家相联系的个人，而是成为削弱个人的一种间接方式。法兰西提供了一个很好的例证，对此孟德斯鸠和托克维尔早有预料。在法兰西，“我注意到社团，我看到了它的所有荣光中的碎片化及虚无化趋势，一个世纪一个世纪地演化，逐步衰落为无能，直至消逝，遍及国家与个人之间的一切……在这方面，君主制的工作议题就是那些革命性团体的工作议题。这种工作体现在1792年8月18日的

1 Maitland, *Political Thought*, XXX.

2 Maitland, *History*, I, 490.

3 Maitland, *Collected Papers*, III, 310.

4 Maitland, *Political Theories*, XXXI.

5 Maitland, *Collected Papers*, III, 310.

著名宣言之中——‘真正自由的国家不应当在它的胸怀中容忍任何社团，不应当让社团致力于公共指令并从国家中获益’。这是现代绝对主义的格言之一：绝对的国家面对着绝对的个人”[1]。正是这种绝对主义趋势及作为帮凶的罗马社团概念解释了梅特兰在1900年致亨利·杰克逊（Henry Jackson）的一封信中提出的有关评述：“我所沉思的主题是社团的可谴责性。我甚至在想，社团必须受到谴责……”他以对一部重大作品的向往结束了这封信：“然后我要写一篇重要论文——《天谴的社团》。”[2]

那么，如果不是罗马法的社团概念引领了美国社团主义的蓬勃发展，答案又在哪里呢？在其生命的最后十年里，梅特兰开始看到那个答案，它是一种偶然、非预期和机会性的因素。它存在于毫无罗马法根基的一种制度机制的发展之中，但却是诸多力量尤其是罗马法的不充分性和十三世纪英格兰社会的结构性张力相互作用的副产品。梅特兰曾经考虑过信托起源于罗马法的有关理论，但到了 1894 年，他写道：“我已被说服，我认为每一种试图从罗马法中寻找用益权（use，导向信托的一种法律机制）的努力都失败了……”[3] 在他关于衡平法的系列讲座——一直坚持到去世那一年才放弃——中，他告诉听众们：“我自己并不相信用益权对我们而言是一种舶来品。我不相信它之中有任何的罗马来源。我确信它是古代英格兰社会发展

1 Maitland, *Collected Papers*, III, 311.

2 Quoted in Fisher, *Life*, 124—125.

3 Maitland, *Collected Papers*, II, 403.

的一种自然结果。”[1] 他在随后的讲座中扩展了这一评述，将有关评估论据陈列如下：“有些人曾经认为关于用益权的新法理学借用自罗马法；英格兰的用益权或信托与罗马法的遗嘱信托（fidei commissum）有着历史性联系。我自己并不相信这种联系。我将即刻抛出据以质疑的一个原因，因为该原因会引出我的一个重要论点。从一开始，英格兰大法官们似乎就将信托人（某项信托以其名义加以执行的人）的权利类比为土地上的不动产。大法官们将英格兰土地法的有关规则借用来界定信托，认为信托源于土地法并与之相似。”[2]

梅特兰或许确信自己还会发现某些特别且强大的因素。他关注于从身份社会过渡到某种性质社会，而不是一种纯粹、原子化及个人主义契约社会是如何产生的。他在发现现代世界独特性质之谜题答案时的兴奋是显而易见的。在 1902 年致约翰·格雷（John Gray）的一封信中，他写道：“一种具有伟大历史重要性的事物……亦即我们的慈善信托法的极端自由……我想大陆法会展示给我们，这一步是脑袋里充斥着罗马法的那些人断然不会也不可能采取的。”[3] 个人就像国王一样行动。“实际上，某个私人创设了一项慈善信托，就像创设了一个拟制的人一样，而且这样做无需向国家请求。”[4] 次年，他再次写信给格雷：“我在一本德语期刊上努力解释我们的信托法（或信托衡平法）使我们得以维系‘非社团组织体’

1　Maitland, *Equality*, 6.

2　Maitland, *Equality*, 32.

3　Fisher, *Life*, 134.

4　Fisher, *Life*, 134.

（unincorporated bodies），而这在其他地方已经消逝。”[1]

在梅特兰逝世前的一些年里，他开始相信信托有可能是英格兰最重要的法律贡献。他写道：“对信托观念我们可能是熟视无睹了，但还是应当关注一下。如果我们被问到什么是英格兰人在法理学领域最重大且最具特色的成就，除了给出多世纪传承发展的信托观念之外，我不可能想出还有什么其他更好的答案。”[2]这些语句在他1903年11月致格雷的一封信中再次被提起：“需要有人向全世界解释我们的信托，因为我倾向认为这一制度构造是我们种族在法理学领域的最伟大杰作。我自身是否能做到这一点，需要未来见证——但这件事应当去做。”[3]由于病情加重，梅特兰无法完成这项任务，三年后去世。但他展现给我们的是他如何探索这一主题以及他为什么认为这是至关重要的。[4]

通过研究其与德国律师朋友们的一系列公开报道的对话，梅特兰提出一个事实，即信托对英格兰而言是独特而重要的。梅特兰直到去世都在一系列讲座中向自己的学生解释：“或许信托形式就是英格兰律师最有特色的成就。对我们而言，信托几乎就是文明的本质，在外国法上根本找不到与之类似的

1 Letters, ed. *Fifoot*. no.364. 也可参见1902年11月15日梅特兰致约翰·格雷的信。

2 Maitland, *Collected Papers*, III, 272.

3 Fisher, *Life*, 147.

4 梅特兰提供的线索很大程度上被遮蔽了。因而即便是专注研究梅特兰关于“结社精神”及信托性质之作品的、有着常规视角的约翰·伯罗（John Burrow）也只是表明，梅特兰将这一主题处理为大体等同于“会员资格”（clubbability），一种“借书还书伦理学”（Burrow, *Village Community*, 280）。

存在。从《德国民法典》里举个例子，哪里有信托？没有。这在一名英格兰法律实务者眼里是一个很大的漏洞。外国人并不认为存在任何漏洞。基尔克对我说‘我无法理解你的信托’。”[1]欧陆法的这一鸿沟在梅特兰的另一评述中再现。如许多人所论，大部分现代社会都建立在契约基础之上。不过梅特兰责备他的一个德国朋友说，在德国法律体系中找不到任何与信托对应的事物，并告诉他：“我已经寻找过信托，但我找不到；我觉得，忽视信托几乎就像忽视契约一样糟糕。”[2]这位德国朋友显然被他的这一评述以及其他诸如“外国人没有信托也能过活，他们必须如此”[3]之类的议论所惹恼。这个德国人反驳道：“好，在你责备我之前，你或许应当告诉我你的这个精妙绝伦的信托到底是个什么东西。”[4]梅特兰不胜荣幸地尝试解释，事实上他以德语出版了关于信托和社团的最长篇幅的分析著作。他强烈要求这么做，因为他相信“在衡平法的全部宝藏中，最庞大且最重要的就是信托的发明与发展”[5]。结果就是：“任何想要了解英格兰的人，即便对私法的细节不感兴趣，也应当了解一点我们的信托。”[6]不只是信托的概念本身惊世骇俗，源自信托的诸多观念同样赫赫有名。例如，“信

1 Maitland, *Equity*, 23. 奥托·基尔克，梅特兰翻译过其部分作品（如 *In Political Theories*），是现代最伟大的法律理论家之一。

2 Maitland, *Collected Papers*, III, 323.

3 Maitland, *Collected Papers*, III, 273.

4 Maitland, *Collected Papers*, III, 323.

5 Maitland, *Equity*, 23.

6 Maitland, *Collected Papers*, III, 322.

托基金的观念——如今化身为土地、流通货币、股票和公司债券——对我而言就是一种由现代英格兰法理学发展起来的最著名的观念之一”[1]。

*

基于信任而为他人代持物品的观念是一种非常古老的观念，在罗马帝国崩溃之后的日耳曼社会中或可找到。确实，梅特兰发现用益权的观念在盎格鲁-撒克逊时期的英格兰已广为流传，例如“在诺曼人征服前很久，我们可以找到这样一个人，他声称为了教会的使用而将土地转让给一个主教……”[2] 在罗马法复兴——带有这样的观念，即一个社团是由一种更高的权力创设的——之前，存在一种普遍的非社团组织体，其中人们代表自己或他人而持有某些资产。“在英格兰，也许我们可以尽量久远地追溯到任何关于社团人格的特别理论抑或任何关于这一人格必须源自某种主权行为的主张，但我们或许也可以追溯到一种非社团组织的存在，其中土地由封地受领人（feoffees）为了组织的用益而持有。”[3] 这一观念的萌芽，即基于信任并为了他人的用益而持有财产以及一种非政府组织体的创设，已然存在。当然，它大规模且正式地制度化——从而改变世界——开始于十三世纪。

1 Maitland, *Collected Papers*, III, 277.

2 Maitland, *Collected Papers*, II, 404.

3 Maitland, *Collected Papers*, III, 283.

促成这一发展的一个次要因素可能是宗教。梅特兰数次关注到由新的圣方济各会（franciscan）教士发布的独特的贫困宣誓的影响，后者在十三世纪早期来到了英格兰。“他们自己的法律禁止他们拥有任何东西……一种赫赫有名的计划被采纳了。”这就是捐赠人（benefactor）将会转让他们所需的财产，目的在于使他们的“‘市镇共同体’得以存活，教士们‘得以用益’或‘安居’”[1]。当然，主要的促成因素另有来源。

梅特兰指出，制度化的信托来自一种困境。“英格兰人不能通过遗嘱留下土地。关于土地，遗嘱权力的每一种萌芽在十二世纪都被无情地掐灭了。但是英格兰人希望通过遗嘱留下土地。他希望为其有罪灵魂的幸福做供养，也希望供养他的女儿及更年幼的儿子。这就是问题的根源所在。然而进一步来说，他观察到法律在他去世的时刻非常严酷，尤其是他作为富贵之人更甚。如果他有一名成年继承人，就必须向领主缴纳一笔继承税（relevium）。如果他有一名未成年继承人，他的领主就会收取土地收益，或许是二十年，还可以操办出卖这个继承人的婚姻。而如果他没有继承人，土地就将完全返还给领主。”[2] 为了规避这一问题，“土地所有者就将其土地转让给一些朋友……”“这些朋友‘为了他的用益’而持有土地。这些朋友会在他生时让他享受收益，他也可以告诉这些朋友自己死后如何处置土地。我说的不是他将土地转给一个朋友，而是转给一些朋友。这一点很重要。如果只有一个所有人，一个封地受

1 Maitland, *Collected Papers*, II, 407—408.

2 Maitland, *Collected Papers*, III, 335.

领人（feoffatus），他可能会死亡，随后领主将会主张其常规权利……要设定五个抑或十个朋友担任封地受领人……（作为联合佃户）。当他们其中一个去世时，并不存在遗产；只是存在财产添附（accrescence）。领主主张不了任何权利。"[1] 这一观念来自盎格鲁－法兰西法律，"它并不存在于罗马教科书中，十四世纪的英格兰人已经重新发现了这一机制"[2]。

土地所有者们回避长子继承制及王室权力之严格规范的愿望，如果不是与作为最强势王室官员之一的大法官（the Chancellor）正在发展的利益——通过衡平法制度来提供一种新的法律弹性，对普通法作出补充——碰巧契合的话，就一定会落空。"大法官开始站出来支持执行这些荣誉性的理解，执行这些被冠名为'用益''信托'或'信任'的做法，并将违背忠诚义务的受托人（trustee）投入监狱。这是一段特别离奇的插曲。整个国家似乎都卷入了规避自身法律的一场巨大阴谋之中，而所规避的法律又是这个国家没有勇气加以改革的。大法官、各级法官及议会似乎都卷入了这场阴谋。但是又确实不存在任何阴谋：人们只是用手和口讨生活，一个案子一个案子地辩论，他们也看不到未来会发生什么。"[3] 这些受托人不是一个永久性团体。他们不是由国家设立或"社团化"的。但是他们"有着一种联合性，可以像一个主体一样行动"。他们是"一种拟制的人"，得到法律的认可，但与国家无关。

1 Maitland, *Collected Papers*, III, 335—336.

2 Maitland, *Collected Papers*, III, 337. 关于该故事的另一种版本，参见：Maitland, *Equlity*, 26—27.

3 Maitland, *Collected Papers*, , II, 492.

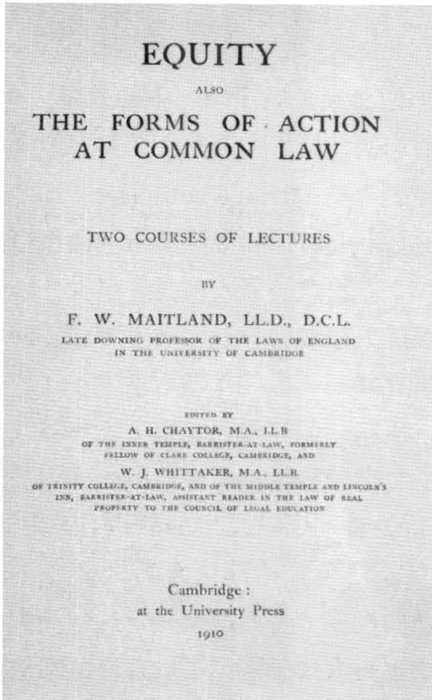

EQUITY

ALSO

THE FORMS OF ACTION
AT COMMON LAW

TWO COURSES OF LECTURES

BY

F. W. MAITLAND, LL.D., D.C.L.

LATE DOWNING PROFESSOR OF THE LAWS OF ENGLAND
IN THE UNIVERSITY OF CAMBRIDGE

EDITED BY

A. H. CHAYTOR, M.A., LL.B
OF THE INNER TEMPLE, BARRISTER-AT-LAW, FORMERLY
FELLOW OF CLARE COLLEGE, CAMBRIDGE, AND

W. J. WHITTAKER, M.A., LL.B.
OF TRINITY COLLEGE, CAMBRIDGE, AND OF THE MIDDLE TEMPLE AND LINCOLN'S
INN, BARRISTER-AT-LAW, ASSISTANT READER IN THE LAW OF REAL
PROPERTY TO THE COUNCIL OF LEGAL EDUCATION

Cambridge:
at the University Press
1910

《衡平法也是普通法诉讼形式：两门讲座课讲义》

这一机制的成长非常迅速，得到“衡平法”[1]发展的滋养与保护。王室掌权者就像许多律师一样对这一发展视而不见，这种发展起初看起来是如此无害。就像长子继承制的习惯一样，从上层阶级开始的这种习惯机制扩展到人口数量庞大的中产阶级，中产阶级又进一步如法炮制地扩展其相关目的。“随后，如果我可以这样说的话，这种‘安排’（settlement）自

1　这一故事详见于：Maitland, *Equity*, 1—6.

上而下——从土地贵族扩展至崛起中的人民大众，直到最后，对于有着可观财产的任何男人或女人而言，如果结婚不附带一种‘婚姻财产安排’（marriage settlement）就会显得很不正常。”[1] 在正常的进程中，“信托成了英格兰法律中最普遍的制度之一。几乎每一个有出息的男人都是一名受托人……”[2]

当信托发展成王室权力与财政之主要威胁的事实变得很明显时，亨利八世在1535年的《用益权法案》（*Statue of Uses*）中试图对其加以压制。但“马已脱缰”。梅特兰用简洁的数行文字总结了这一复杂的故事。“这位国王太迟了，他已被时间进程抛在后面，他看到了已发生的故事。亨利八世将一部法案扔进迟钝的议会之口，这部法案竭尽全力——显得最为笨拙——阻止信托的发展。然而即便是对这位高大威武的君主来说，过去的历史也是太过于强大了。这部法案遭遇了惨败。一种花言巧语的诡计就能搞定它。大法官在各级法官们的纵容下能够继续我行我素，强制执行被称为信托的有关义务。”[3]信托继续向前发展。到了十六世纪晚期，有意义的持久性公民团体用以追求共同目标的一系列替代性方法得以发展出来，因为信托拓宽了不同世代之间传承财产的路径。于是，慈善机构的设立及良好运行就变得特别重要。

1 Maitland, *Collected Papers*, III, 354.

2 Maitland, *Collected Papers*, III, 354.

3 Maitland, *Collected Papers*, III, 493.

*

梅特兰关注于这一发展的某些结构性收益，特别是作为对社团观念的一种补充。“信托为我们提供了一种针对人格化机构法律的自由主义替代物。”[1]他更加一般化地列出了这种状况的大致框架，总体性描述了其在1500—1900年间的发展。“在最后四个世纪之中，英格兰人已经能够说‘让我们保有信托吧，社团的法律与理论确实重要，但它不能阻止我们形成和保有最多样化的永久性团体：这些团体藏身于受托人之后，团体足够幸福地生活，一个世纪一个世纪地享受着非社团化的荣光。如果教皇英诺森及罗马势力把持着前门台阶，我们将从后门台阶上楼’。”[2]（意思是无论通过什么方式都一定要保有信托）尽管在罗马法下一切都将受到国家权力的威胁，在英格兰则大为不同：这对罗马律师而言“属于生死问题，在英格兰则常常属于便利和成本的问题，那个‘受祝福的后门台阶’如此宽阔。信托实际上可以很长期，律师的账单或许更加长期，新的受托人处于不断出现的需求之中。一种糟糕的障碍需要一种机智的规避，但这种组织化的团体可以长久存活及繁荣，而且更加匿名化，因为它未曾落入任何庄重的法律仪轨之中”。[3]信托的多样性和模糊性有助于其活跃的多样化发展。“在处理一件件慈善信托案件时，我们的法庭没有被强迫做

1 Maitland, *Collected Papers*, III, 279.

2 Maitland, *Political*, XXIX.

3 Maitlland, *Political*, XXXI.

出任何严肃的分类。”[1]无论信托多么有用以及宽泛地“慈善化”，所有参与人（而不是受托人）的互惠性及合法性还是可以追求实现的。

因而信托使得非社团化组织体的发展成为可能，并避免了国家或其他势力的大量窥探。这个组织体的成员“必然生活在一个邪恶世界之中：一个充斥着盗贼、无赖及其他坏人的世界。但除了邪恶性之外，还存在一些有待抵制的、未正当确立的权利主张：来自邻居的主张以及来自国家的主张。这样一种敏感的成员身份必须有一种坚硬的外壳。如今我们的信托为所有愿藏身其中的人提供了这样一种坚硬的外壳”[2]，因而“……我们触及了在我看来属于信托主要优点的地方。它保护着这种非社团化的成员身份以对抗不充分的国家理论和个人主义理论”[3]。不过，对外国人而言确实存在着某些神秘之处，即“我们所有的法律制度中最英格兰化的……就是信托”。这里存在一种矛盾，信托看起来是一种无组织体，没有什么人被包括其中。梅特兰试图向其欧陆朋友们解释这一矛盾。在信托中存在“建立受托人之墙的机制”，这“使得我们能够构造出一种既非技术性的社团又能充分抵制个人主义理论攻击的组织体。这里组织体的人格——我将这样陈述——尽管遭到律师们的明确否认，但总体上在实践中得到了很好的承认。你可以根据某种简单事实来理解这类事物的产生。随着时间的推移，我们或许会

1 Maitland, *Collected Papers*, III, 365.

2 Maitland, *Collected Papers*, III, 368.

3 Maitland, *Collected Papers*, III, 367.

在法典书中看到这样的标题：‘非社团化组织体’”[1]。

梅特兰确实承认这是神秘的，甚至是不合逻辑的，但它成功运转了。“某一天历史学家或许不得不告诉你，英格兰法中真正的虚拟性拟制不是所谓的‘社团是一个人格’，而是‘非社团化组织体不是一个人格’，或者（如你建议的那样）是个非实体（nobody）。”[2]然而这个“非实体”远不是一种为了追求短期利益而结成的单纯合伙（partnership）。它不同于复兴后的罗马法中看似等价的法律机制，“我们应当注意到，一个英格兰人可能错失政治理论史的一个要点，除非他知晓，在一种严格的法律语境中，罗马的 societas、法兰西的 societe，以及德意志的 gesellschaft 相当于英格兰的‘合伙’，而不是其他”[3]。基于赚钱的实践目的而结成的合伙并没创造出多少相互的信任、信用或忠诚，但信托可以做到。“常常让我震惊的是，道德上存在的最大人格在法律上却是非人格。某个人将自己的信托俱乐部视为一个活生生的存在，像感受诚实一样感受着荣誉，而所谓的股份公司只是一种纯粹的机器，他投进去钱，取出股息红利。”[4]梅特兰意识到，信托是一种特别的事物，在身份与契约、人与物之间搭建了跨越鸿沟的桥梁。尽管信托将人们组织成强有力的团体，“它却有着契约的全部一般性和弹性”[5]。“它是有着巨大弹性及一般性的‘制度’，和契约一样富

1 Maitland, *Collected Papers*, III, 317.

2 Maitland, *Political*, XXXVI.

3 Maitland, *Political Theories*, XXIII.

4 Maitland, *Collected Papers*, III, 383.

5 Maitland, *Collected Papers*, III, 322.

有弹性和一般性。”[1] 为了调和信托内部的两种矛盾性，必须实施一种技巧性的法律手段，这就困扰了欧洲大陆的律师们，而且也难以解释。或许需要再次提及基尔克，梅特兰写道：“‘我不理解你的信托。’这句话出现于一封由熟知所有法律类别的一位德意志资深历史学家所写的信中。到底困难何在呢？根据一种所谓的‘普遍法理学’（general jurisprudence），困难似乎在于：在最终分析中表现为一种对人的权利（ius in personam，作为某种义务的收益），但又基于诸多实践目的而被处理为对物的权利（ius in rem），被习惯地认为是一种所有权——‘衡平法所有权’（equitable ownership）。或者这样来讲：如果我们要在一部新的法典中将英格兰法编排成日耳曼法的形式，我们必然会置信托法于困境之中，它必须被置于两种法律类别之中，它要么属于债权法（the law of obligations），要么属于物权法（the law of things）……信托是由无视罗马法的人造就出来的，而罗马法又是由中世纪评注家们呕心沥血解释出来的。”[2] 梅特兰大体解释了英格兰大法官是如何成功地整合二者的。“我们知道发生了什么。大法官似乎承认了这些‘衡平法’权利不是单纯的对人的权利，也不是单纯的对物的权利，不久他就开始构造这种新的权利了。大法官所调用的观念资源并不多。它们是英格兰本身的，确实不是源自罗马法的任何知识，而我们本以为大法官很适合那样去做。从某个方面而言，我们可以称这些观念资源为这些权利的内在品格，而普

1 Maitland, *Equity*, 23.

2 Maitland, *Collected Papers*, III, 272—273.

通法的类比方法总是得到严格的追随。”[1]

梅特兰似乎已经设想到信托结合了两种原则。信托被维系、保护、介入及执行的方式是意志论（voluntaristic）的，而不是契约论的。“不，这里不存在任何‘义务’的语言：一切都是在‘用益’的名义下实施，随后牵涉到‘信任’及‘信用’。”[2]梅特兰再次写道：“让我再重复一次……用益、信用或信任源自一种协议。我认为，对于受托人承诺的有价值考量而言，可以这么说，即便不存在作为承诺人的受托人的具体收益，也总是存在对被承诺人的某种损害，因为受托人参与了相关的法律权利、财产及占有。”[3]从这种意志论的外部视角来看，信托所创设的一切就是信托人、受托人及受益人之间的一系列私人权利。很清楚的是，“受托人是所有人，是物的完全所有人，而受益人对物不具有任何权利”。但这还不是故事的全部，因为一种不是契约而是信托或义务的人际关系建立了起来，而且不是由普通法而是由衡平法加以执行。“我认为信托的特定标志就是受托人拥有权利，这种权利必须为了受益人的利益或某些明确目的之达成而行使。”[4]因而，从我们这里谈论的观点来看，需要考虑属于特定人之权利的人际关系。“受托人应当履行其承诺和协议，他们必须这样去做。这是一个原则，而且是很简单的一个。那么你会说大法官开始执行一种对人的权

1 Maitland, *Collected Papers*, III, 275.

2 Maitland, *Equity*, 31.

3 Maitland, *Equity*, 29.

4 Maitland, *Equity*, 47—48.

利，而不是一种对物的权利——他开始执行一种实际上属于契约权利的权利，由承诺创造出来的权利，是的，可以那么说。用益人或受益人的权利开始于对人的权利。但逐渐地，它开始看起来像是一种对物的权利。但它永远变不成对物的权利，不，即便在今天仍然如此。”[1]

不过，我们可以说，当信托框架成了一种关于私人权利之执行时，其内容已在一种高度复杂化的土地契约法制度中得以模式化和填充，梅特兰在其早期作品中曾展示过这种制度在十三世纪的英格兰已经发展出来，而且创设出了针对整个“物”之世界的权利。因而，梅特兰解释道：“考虑到作为模型的土地普通法中的不动产与利益……新的权利看起来就像是一种对物的权利，这是大法官能够赋予它的外观——这也与使用这一机制之主体的真实愿望相符……因而我们就将用益转变成了一种无形物（incorporeal thing）——但土地和利益存在于其中，这是一种未实体化的土地板块。这是一种完美而正当的‘造物’（thing making）过程，并且一直在进行之中。”[2]因而作为信托内容的“用益”就具有了全部奇特的弹性和多样性，这对于一种基于普通法发展起来的新式财产权体系而言是重大的贡献。用梅特兰的话来说，“用益被视为一种形而上的实体，其中存在着非常类似于作为土地上收益的不动产，这种不动产是可占有、可剩余及可

1 Maitland, *Equity*, 29—30.

2 Maitland, *Equity*, 31.

恢复的，也可以用这种或那种方式加以继承”[1]。

结果就是一种混合物，不是直接的身份或契约，也不是单纯的对人的权利或对物的权利。梅特兰相信这种制度不会在罗马法中出现，因为罗马法对上述二者的区分是非常严格的。“信托很难在清晰区分对人的权利和对物的权利并将之作为其法律体系主要纲领之一的人民之中演化出来。”[2]这就是梅特兰欧陆同行们的困扰所在，他们是罗马法许多世纪以来的继承者。“法学家们长期以来致力于创制一种关于私人权利的二分法：这种权利要么是对物的，要么是对人的。这两种分类的前者演化为占有权和所有权，后者演化为契约收益，即债权。那么现在来看，作为受益人权利的信托被置于何地呢？很难被置于任何一种类别。它似乎兼容二者。外国人会问，我们要将信托放在我们法典里的什么位置呢，是物权法编还是债权法编？”[3]事实上它兼属两者，作为桥梁连接了被认为区分“现代”世界与“古代”世界的共同体与社团、身份与契约以及机械性团结和有机性团结。如果被问到信托是建立在身份还是契约基础之上，你就应当给出一个混合性的答案。“从历史也从最终分析来看，最佳答案或许应当是对人的权利；但它也被处理得（基于许多重要的目的）很像是对物的权利。一种主要针对受托人的权利，但也被处理成相当于针对所有人的权利——一种占有权，所有权，不过仅仅是在衡平法上存在。

1 Maitland, *Equity*, 33.

2 Maitland, *Collected Papers*, III, 325.

3 Maitland, *Equity*, 23.

从很久之前就已如此。”[1]

通过跨越这种鸿沟并整合所谓的权利二分法，梅特兰已经间接驳倒了其前辈梅因爵士并推翻了十九世纪后期经典社会学的诸多定论。他表明，两种文明形式之间不只是存在一种二元互斥性以及由此及彼的运动。他展示了现代活力的诸多方面来自对两种原则的混合，从而创造了如下两者之间的一种宽容式的平衡：其一是人与人之间的温情、信任与忠诚，带有一定理性化的弹性；其二是意志化的结社。通过影射梅因的著名命题，梅特兰认为信托实际上和另一种伟大的法律制度，即契约同等重要，而现代性建基于信托之上。“据我们所知，进步社会的长征是从身份到契约。那么现在呢？现在……很多证据告诉我们，进步的路线不再是从身份到契约，而是从契约到某种契约理论无法解释的事物，而对其最好的命名，如果有所不足的话，就是一种组织化团体的人格。”[2] 通过信托机制建立的是一种由普通公民而非国家创制的实体。换言之，对人的权利变成了一种财产权利。这也是完全违反罗马法的。“事实上，我们造出了没有国王或议会的社团，尽管我们也许应当说我们根本不是在造社团。”[3]

1 Maitland, *Equity*, 23—24.

2 Maitland, *Collected Papers*, III, 315.

3 Maitland, *Collected Papers*, III, 283.

8 信托的世界影响

信托作为一种新的法律机制的革命性创新，其影响是多样化的，第一个重要的方面是对政治自由的贡献。梅特兰在这里模仿一名欧陆律师的腔调，宣称："你们的历史中有许多是我们所嫉妒的，你们那自由而易行的团体组织是我们所羡慕的。你们那伟大的'信托概念'在罪恶的年代里使你们保持良性存在：例如，当你们的霍布斯将社团与蛔虫的对比制度化时，当你们的劳德大主教（Archbishop Laud，一名绝对主义者，如果确曾存在这种人的话）借用社团理论来打击一种清教信托（Puritan Trust）时，以及两年之后这位大主教的朋友蒙塔古主教（Bishop Montague）足够莽撞地呼吁国王关注林肯律师会馆（Lincoln's Inn）的未社团化特征时。你们的非罗马化的'信托概念'引起了我们的十足兴趣。"

既然梅特兰的诸多作品都是在关注个人与国家的关系，那么就值得我们去更深入审视一下他的多元线索。信托的一个好处是有助于维持司法独立。通过律师会馆（Inns of Court），律师们得到训练，并发现他们的社会与道德角色得以维持。[1] 如果律师会馆由王权通过社团形式加以建构的话，那么十七世纪爱德华·柯克爵士（Sir Edward Coke）、普通法律师与王权之间的伟大斗争就可能有完全不同的结局。更一般地讲，如孟德斯鸠和托克维尔已经指出的，法律对权力扩张趋势的限制依赖于司法独立。律师会馆处于那些建立在信托基础上的“伟大、古典、兴盛且富有的团体”之中，这一事实至关重要。[2] 这是选择的结果。“我们的律师是富裕且有影响力的人群。如果他们愿意，可以非常轻易地建立自己的社团，而他们并不愿意。”[3] 他们保持着自己的独立性。

第二个重要的领域是政治结社权。这里存在诸多政治俱乐部，它们对不列颠的政治平衡至关重要。此外还存在大量基于特别目的而设立的政治团体。梅特兰只提到了“英格兰在一场骚乱中涌现的那些政治团体：‘关税改革协会’或‘免费食物联盟’等类似组织”[4]。不过有几次梅特兰也提到了工会（Trade Unions），将之作为源于信托观念的自由结社权的一个成果。他通过与欧陆对比来凸显这些团体的重要性。他指出，他的许多例子来自十八世纪，当时的孟德斯鸠及其他人也做过类似比较。这是“一个社团理论在其他国家大行其道的时代，如果我

1 关于律师会馆如何不按社团方式运作以及未社团化的种种优势，贝克教授有着精彩而详细的讨论，参见 Baker, *Inns of Court*。本章当中的诸多一般性观点也因贝克教授的分析而有了深度。

2 Maitland, *Collected Papers*, III, 317.

3 Maitland, *Collected Papers*, III, 370—371.

4 Maitland, *Collected Papers*, III, 387.

没有搞错的话。在英格兰我们也有这样一种理论，而且是非常正统的那种类型；但该理论并未碾碎结社（association）精神。信托背后可以做很多事，而一开始可能是非常简陋的”[1]。但这种对比并未就此结束。梅特兰提到，在法国大革命期间，尽管人们都在谈论自由，尽管商业合伙得到了维持，“近来的作家们已经指出了矛盾之处，即国家从渴望股息红利的自私人群身上看不到任何危害，但对于相对不自私的人群带有某些宗教、慈善、文学、科学与艺术目的的结社则如临大敌”。在法国，甚至“在二十世纪初，仍然存在一种归属于超过二十人之未获授权团体的努力”。那种自由人群为了追求政治目标结成合法、未社团化之团体的观念，对于民主而言至关重要。

梅特兰提及的另一个影响是托克维尔的理论主题之一，即权力下放与地方主体的自治。梅特兰确信，“英格兰郡县”就是一种未社团化但实际存在的主体。[2]这就避免了郡县成为中央政府的一种单纯的公务组织。因此，“如果英格兰郡县从未降格到政府辖区的层次，如果在这种奇特体系内始终存在着格耐斯特（Gneist）所谓的一定程度的‘自治’（self-government）因素，那么这在很大程度上（对我而言是如此）就得归功于信托的作用”[3]。

或许所有影响中最深刻的还是一种扩展弥漫到整个政治生活的影响。所有权力都倾向腐败，但如果这种权力不被视

1 Maitland, *Collected Papers*, III, 376.

2 Maitland, *Collected Papers*, III, 400.

3 Maitland, *Collected Papers*, III, 397.

为当权者的私人财产，而是作为“基于信任”（in trust）为了他人利益而持有的临时力量，那么腐败就会轻微得多。梅特兰指出，这就是信托的观念，而信托也正是这样实施的。他解释道：“在十八世纪的进程中，‘所有政治权力都是一种信托’成了议会制的一种老生常谈。这种观念太过司空见惯，以至于我们很少想到。但它是很有用的。”毕竟，它渗透进了国王与人民的关系之中，带来了一种新式的君主立宪制（constitutional monarchy）。“或许国王与大众之间是互为受托人的关系，或许如今在大众、国家与国王之间已没有太多区别，因为直到我们退出法理学领域而进入政治或宪法理论领域，我们并没有对信托的完整运作展开过评估。”[1] 到了十九世纪后期，这已经是一种建制性事实，而梅特兰简要指出了信托概念的适用是如何在十七世纪国王与人民的对抗中以一种伪装形式得到扩展并影响具体事件的。“一旦适用到王权之上，信托就缓和了我们政体中的王室之弦，这根弦曾因神圣权力和国教观念而绷得太紧。将国王作为人民的受托人，而不是称他为警官、官员、公职人员甚或第一长官，这样会更加容易，也更加英格兰化。事实上，给国王建议一种可实施的职责，但更多是一种‘良知’责任而不是‘严格法律’责任，仍然是可能的；上帝作为这一信托之授权者的假定并未被排除，而信托的观念是极其灵活的。”

到了十八世纪，君主与人民之间的信托概念已经建立起来，这种观念作为整合世界史上最大帝国的一种隐喻又找到了

1 Maitland, *Political Theories*, XXXVI.

进一步的扩展与适用的用武之地。梅特兰解释道："当地方政府之新组织起初是偶发地通过一般法得以发展出来之后，人们很自然地认为不仅他们取得的任何财产——土地或金钱——应当被视为'信托财产'，而且他们的政府权力也应当被视为基于信托而持有。我们可以说，那些权力'信托给了他们'，或者他们'受托'了那些权力。"这种信托如何运作的一个政治实例可以在印度找到。梅特兰暗指吸纳整合东印度公司（East India Company）权力之敏感事项的处理方式。"当一部议会制定法宣称东印度公司在印度取得的统治权（Herrschaft）是基于为了不列颠王权的'信托'而持有时，这就不是什么无意义的命题，而是一种重大争议的解决方案。"梅特兰对此加以扩展论述："英格兰信托……对本国大众、世界人民及世界历史阶段起到了闻名遐迩的作用。当通过或此或彼的头衔（title）而将对数百万印度人的统治权纳入某个英格兰信托成员之手时，这种社团扩张（某种意义上是意外）被议会法案强制驯化，使这种当前的事物，这种'权利的客体'，这种统治权，建立在一种为了所谓的不列颠王权的信托基础之上。"

这就是那种更宽泛概念的一部分，即所有权力都是基于信托而持有。整个不列颠帝国将会被视为基于为了各地人民自己的"信托"而被持有，直到各地人民准备好了接管权力。"打开一份英格兰的报纸，如果你不曾看到适用于'王权'或某些高贵主体的'受托人'字样，你就是很不幸的。我刚刚做过这个实验，我今天的收获是，由于德兰士瓦（Transvaal）还没有获得一部代表制宪法，帝国议会就仍然是'这个殖民地的受托人'。这里存在着信托的隐喻。"梅特兰提到，他以及更早之前时代的政府大臣们声称维多利亚政府是“为了‘整个帝国’的受托人”[1]。这或许可以部分解释托克维尔的如下问题：像英格兰这样一个小国，在明显缺乏血统正当性的条件下是如何统治这么庞大的一个帝国的。信托机制既给了帝国政府以自信和易行的良知，也允许在不造成中心与边缘直接冲突的条件下建立权力委托的弹性形式。

*

梅特兰意识到，同等重要的是对宗教领域中拥有非社团化组织体之可能性的影响。梅特兰表示，信托成了新教（religious nonconformity）及其他不同宗教派别的关键性保护机制。任何一个宗教组织都必须将自身组织作为某种永久性团体。例如，宗教需要一个礼拜场所。而这些场所需要资助和维护，这怎么来做呢？与天主教或英国国教教会有关联的国家很难给予这些宗教派别以社团地位。卫理公会、浸礼会、贵格会及其他教派的做法都是设立信托。受托人团体从事相关事务并受到法律承认。梅特兰指出，如果没有这一法律漏洞，整个新教就可能被碾碎。宗教自由与信托密切相关。

梅特兰的理论能够自圆其说。“我们英格兰人所谓的‘宗教自由’与信托的形成紧密相关。当微弱的宗教宽容时代到来时，信托已准备好了那些很少获得宽容之教派所需的一切。他们所需求诸国家的就只是宗教教义的公开布道不被认为是非法

1 Maitland, *Political Theories*, XXXVI, note 3.

的。”对国家的需求是最小化的。因为“如果国家可以被说服采取最小化的行动，同时废除若干迫害性法律，并告知‘你们不会因为不参加教区教堂活动而被处罚，你们也不会因为参加你们自己的聚会点活动而被处罚’，那就足够了。信托可以包揽剩下的一切，而国家机构及建制性教会也不能因为积极参与异端和分立的教派而受到检控。信托很快就承接了剩下的一切。我曾被告知，假如《宽容法案》（*Toleration Act*）被废除的话，新教‘聚会点’最早期的某些信托事宜就已说明了该如何处理作为礼拜场所的建筑物。稍有犹疑之后，法庭执行了这些信托，甚至宣布它们是‘慈善性的’。我们今天在英格兰拥有犹太教堂、天主教堂以及不计其数之教派的教堂和附属教堂。这些教堂为自然人所有，它们为受托人所有”。梅特兰的描述以卫斯理公会（Wesleyans）为例，该教派的附属教堂按照信托方式设立。“我们如今在所有的市镇及很多的村都可以看到卫斯理公会的附属教堂。通常每一个附属教堂都有着独立的受托人群体……”甚至大规模的宗教组织也可以按照信托形式得到法律上的宽容。“置身于受托人视野之下而免于法律理论的直接监控，一切类型的团体均可繁盛起来……整个长老会系统，甚至以教皇为首领的罗马教会也不例外。”

英格兰以及随后的美国是宗教宽容和宗派主义的沃土，展现了公与私之间的神秘联系，托克维尔对此大惑不解并视其为美国的核心特征之一，而信托机制部分解释了这一点。信托的存在解释了其原因，如果你搜寻卷帙浩繁的普通法档案，“旨在发现我们的教会和教派（而不是所谓的建制性教会）的组织，你将只能发现一些宽泛而零散的线索”。正是衡平法和信托为英格兰及美国鲜明的新教提供了结构参考。梅特兰总结发现如下："如果我们关注日常生活的话，我们会说，在这个国家的一段时期内，大量财富是'属于'宗教'团体'而不是建制性教会的，而假如我们的法律阻止了这种安排，我们就会认为宗教自由很不完美。不过直到不久前我们的'社团概念'还未用于处理新教问题，即便是如今在此领域也甚少运用，因为我们的'信托概念'太好用了。"

*

与宗教自由相联系的是经济自由。根据经济发展需要，创设某种机制来保证人们致力于某种新事业的团结合作。这是一个需要新的保险机构的时代。这是一个贸易商和制造商需要形成合伙及发行股票的时代。信托法使这一切成为可能，提供了一个"楔子"（wedge）以允许人们进行合伙安排及承担有限责任。[1] 在所有这些案例中，新实体都是得到法律承认的，但并未直接从王权那里汲取力量。它是一种个人间的自由结社，相互约束在一起。

让我们看看梅特兰对这些影响的论述。可以提出来梅特兰加以细节描述的两个实例。他追踪了爱德华·劳埃德（Edward Lloyd）拥有的一家十七世纪晚期的咖啡馆的发展史，这家咖啡馆在十八世纪中叶被纳入一个小型的信托基金，后来到了1811年则被纳入有着1100个签名的信托契约。伟

1 Maitland, *Collected Papers*, III, 389—392.

大的劳埃德保险事务所就这样发展起来了。[1] 梅特兰可以轻易地增加很多其他的银行或共有（或建筑类）团体的例子。但他的第二个实例选取的是伦敦证券交易所（the London Stock Exchange）。梅特兰描述了它是如何把一家十八世纪咖啡馆里的聚会人群发展为一个受托人团体的。到了十九世纪后期，它已发展得很广泛且很富有。1877 年，某些人建议，在历经这么多年的信托之后，它应当设立为社团。"那么证券交易所要社团化了？当然不是。在英格兰你不可能让那些不愿意社团化的人组织成为一个社团，而证券交易所的成员们当然不希望成为社团。"至于保险公司，梅特兰提到，大量保险公司包括太阳联合保险（Sun）在十八世纪初期就已成为非社团化组织体，而且直到梅特兰写作的年代仍然予以维持。[2]

英格兰十六世纪以来的诸多关键性的经济机构都是通过信托发展起来的，这一事实的某种优势已为亚当·斯密所理解。新的经济事业，比如远程贸易、海事保险或新产品制造，都有风险。个人需要保护，需要某些责任限制，需要相互保证。然而如果这种保护来自政府，它就常常会采取垄断的形式。亚当·斯密指出，这种机制很容易随着时间推移而演变成抑制创造性发展的负面机制。但是信托在本质上不是国家垄断。如果其他人想要设立一个海事保险公司或者一个建筑协会，已有的受托人不能加以阻止。信托对那些不阻止新人的成员提供了一种保护。因此它成为有保护之竞争的理想状态，将个体以某

1 Maitland, *Collected Papers*, III, 372.

2 Maitland, *Collected Papers*, III, 390.

种不阻止其他人的方式团结起来。如果没有信托概念，我们很难看出英格兰工业化的财富是如何创造出来的。

信托在十九世纪后半叶的发展更为复杂。一方面，某些人指出，特别是在美国，信托通过创设事实上的垄断而成为经济增长的阻挠因素。[1]另一方面，梅特兰准确地吸引我们注意到了信托构成美国强劲发展之基础的具体方式。“我们的信托是一件大事。无论是对知晓者还是不知晓者，这难道不是显而易见的吗？在美国，世人所见之最强大的贸易团体以‘信托’之名而闻名。”梅特兰并不确定，“当美国人致力于设立世人所见之最大资本组合时”，他们为什么会运用信托的形式，但他相信这或许是因为“美国公司在很长一段时期里比英国公司更加惧怕国家的干预”。

*

梅特兰触及的第三个同等重要的领域与社会自由及智识自由有关。他提到，一名思考英格兰问题的外国人或许会提出“你们已成为俱乐部的伟大制造商”。很多俱乐部在政治、法律及社会生活中都有着至关重要的作用。例如，“每一名在任法官至少是一个俱乐部的成员”[2]。梅特兰以赛马会（the Jockey Club）为例。“我相信在许多国人眼中英格兰最重要且最威严

1 曼瑟·奥尔森（Mancur Olson）在几部作品中的看法，包括：Wilson and Skinner (eds.), *Market and State*, 109—112.

2 Maitland, *Collected Papers*, III, 378.

的裁判所不是上议院，而是赛马会。在这里我们看到了‘管辖权’——他们会用这个词——由俱乐部针对那些非会员行使。我并不渴求讲述这个故事。但它的开端似乎是，有些绅士建立了一个俱乐部，买下了一处比赛场地，亦即著名的纽马克特健康馆（Newmarket Health），该处被作为买主的利益而转给受托人，他们因此就可以裁断谁可以加入，谁不可以加入。”纽马克特健康馆被赛马会买下，“无需得到国王或国家的许可”[1]。梅特兰还提到了“我们在蓓尔美尔街（Pall Mall）看到了你们的俱乐部以及那些奢华的俱乐部房屋”。但实际上还有其他很多结构形式。俱乐部也与智识活动密切相关，例如皇家学会（The Royal Society）、不列颠学院（The British Academy）及许多行业俱乐部在推进科学和学术发展方面至关重要。梅特兰提到“许多学术性协会”，包括他自身创立的塞尔登协会（The Seldom Society），都是以信托形式运作的，诸如伦敦图书馆（The London Library）之类的关键机构也是如此。[2]当托克维尔震惊于美国是一个以结社闻名的国家时，许多人会震惊于，英格兰伟大独特性的一个方面正是其在发明准团体（quasi-groups）领域的创造性：它的慈善、社会、科学与文学俱乐部和团体。

被梅特兰视为同等重要的最后一个领域就是所谓的“社会实验”（social experimentation），我们可以大体称之为创新（innovation）。他写道：“从始至终，信托成为社会实验的

1 Maitland, *Collected Papers*, III, 385.

2 Maitland, *Collected Papers*, III, 388.

林肯律师会馆

一种最强大的工具。来看一下若干众所周知的实例：它（实际上）使土地所有者可以通过遗嘱留下土地，直到立法机关最终让步，而不是通过一场叛乱的爆发和被镇压。它（实际上）使已婚妇女可以拥有全部归属于她的财产，直到立法机关最终让步。它（实际上）使男人可以组成有限责任的合伙公司，直到立法机关最终让步。已婚妇女的例子特别具有指标意义。我们看到了一种延伸实验。它被认为是一种伟大的成功。最终要（实际）维持一种贫富差别对待的法律已成为不可能，因为至少根据一般的估计，已被尝试且很有名的'独立用益'（separate use）运转良好。让我们观察一下，对于最有勇气的普通法院而言，在此领域做出或承受任何实验是多么不易。"因而信托机制影响的不仅仅是个人，还有法律类别——已婚妇女、穷人（通过监护人董事会、穷人法律基金会及慈善组织）、年轻人及其他人。信托通过保护已婚妇女财产来提高其地位的方式给梅特兰留下了特别深刻的印象。[1] 总之，信托允许一种支持变革的弹性和模糊性："让我们观察到，英格兰人一代代地对社会实验领域保持开放，如果受托人遭遇到法律关于确定所有人的专横要求，这种信托实验就不可能完成了。"[2]

这当然不是说欧陆模式的社团完全被忽视。它们一样是存在的。不过梅特兰指出，一种偏离了社团路线的替代性机制同样存在。如果某一群人可以通过社团而做成事情，他们就会最终选择一个社团——就像牛津大学和剑桥大学十七世纪所做的

1 Maitland, *Collected Papers*, III, 356.

2 Maitland, *Collected Papers*, III, 283.

那样。但是它们有一种选择，因而并非完全依赖王权。这一点是至关重要的。梅特兰强调了信托观念之伟大成就的一个方面，即它“给我们提供了针对贫瘠的社团法的一种自由主义补充”[1]。在德意志，罗马法在十六世纪取得征服地位，而与之有所不同的早期结社形式缓慢地消失。梅特兰对德意志历史性法律的诸多兴趣在于修正这些替代性选择的学术努力，特别是对合作社（genossenschaft）的研究，梅特兰认为这可以被最佳翻译为“成员”（Fellowship），是“略带古英格兰风味的、最不少见的词”[2]。不过一旦这些日耳曼人不得不尝试复兴或复苏这类团体时，他们就成为十七世纪英格兰的一种富有及多样化的群体。

*

总结一下梅特兰关于托克维尔结社起源谜题之富有洞见的解决方案，我们可以说，在英格兰从大约十三世纪起就已发展出来一种有着若干关键性要素的团体。英格兰有着一种强大的王权及议会中的统治集团，中心权力很强大，但在其他两个层次上的权力又是有限的。社会中间层是非社团化组织体的聚合，某种程度上用梅特兰的术语可以称为“无主体”（nobodies），但这种无主体成了如今所谓“公民社会”（civil society）的本质。社会不再需要有作为政府灾星（bane）的、

1 Maitland, *Collected Papers*, III, 279.

2 Maitland, *Political Theories*, XXV.

反政府的秘密组织（黑手党、三人组之类）。结社权对于后来的工会和工人运动非常重要，允许人们结成社团。他们被鼓励将其能量输入公开活动之中。

因此，通过信托概念的宽泛发展，间接发展起来一个信任和开放的世界，这不仅是资本主义的基础，更是现代科学的基础。[1] 梅特兰指出，这是英格兰文明发展中的一个巨大特征，以至于变得有些不可见了。“如今在英格兰，我们已经在一种‘信托’氛围中生活了很久，信托对我们的各种影响已成为我们生活的一部分，以至于我们似乎侦测不到这些影响。受托人……为我们所有人知晓，他成了各种类比形式的一个发散源头。”整个制度都建立在信托基础之上，既包括对一种广泛存在之信托水平的假定，也包括通过这种假定进行的实际创设。“如果我将土地转给你，你成为我的利益的受托人，或者是我的妻子与孩子的利益的受托人，这里所存在的就不仅仅是我们的法律所指涉的信托，真正存在的是我给你的信托：我信任你，我将信赖、诚信和依靠付诸你。”在许多文明体中，这类非亲属关系的信托并不容易。找到准备好的受托人来履行这些职责也不容易，没有显著的回报，还要求“一种非常高度的诚实与勤勉，受托人应当如此”[2]。这种关于为他人及共同体提供公共且利益中性之服务的整个概念，与信托的发展有关。信托确实是一种独特的发展，而且如果我们将托克维尔和梅特兰的理论结合起来看的话，信托就是现代世界形成的钥匙之一。

1 关于信托在经济发展中的必要性，参见：Fukuyama, *Trust*; 在科学中的必要性，参见：Shapin, *Social History*.

2 Maitland, *Collected Papers*, III, 352.

梅特兰像

9 梅特兰是对的吗

梅特兰去世已有百年，大量研究沿着他所勾画的路线展开。在我们接受他关于现代世界形成的有关论述之前，有必要简单总结一下从他去世以来文化界对其作品的相关修正与更新。

存在许多总结这类理论修正的细致化的学术评价。詹姆斯·卡梅伦（James Cameron）的《弗里德里克·威廉·梅特兰与英格兰普通法史》（1961年版）指出梅特兰关于英格兰市镇起源的理论已不再被接受，而且与罗马法相关，布拉克顿要比梅特兰所相信的更是一个优秀的罗马法学者（romanist）。卡梅伦进一步提到，霍尔兹沃思（Holdsworth）及其他人已显示，梅特兰夸大了英格兰在十六世纪“接受”罗马法的危险。不过，卡梅伦表明梅特兰95%的作品中给出的有关解释仍然是可信的。贝尔（H.E.Bell）的《梅特兰：一种批判性审视与评价》（1965年版）响应了上述三个批评并增加了关于三个特定话题的细微修正。[1]此外，贝尔对梅特兰剩下的作品几乎没有触及，例如他指出，在关于封建关系的前诺曼时期根源的辩论中，学术界重新倾向支持梅特兰的解释。[2]贝尔总体上肯定了梅特兰的视角，将他描述为“最伟大的英格兰历史学家”[3]。关于梅特兰的《英格兰法律史》，贝尔将之视为布拉克顿和布莱克斯通之后英格兰法的第三次伟大综合，提道：“后来的学者们是何其依赖梅特兰的基础工作，此外他们又会发现在重大议题上梅特兰作品的严重缺陷又是何其之少啊！”[4]

更近的作品是伊尔顿（G.R.Elton）的《梅特兰》（1985年版），其中总结了同样的细微批评。伊尔顿增加的是三个技术性批评。[5]伊尔顿同样吸引我们关注另一个挑战性领域。这是密尔松在给《英格兰法律史》（1968年版）撰写导言时提出的一种观点。密尔松试探性地指出，梅特兰关于十三世纪晚期之前一个平坦的、二维法律世界的构图是正确的，但他可能低估了约1160—1260年间封建权力关系的实际力量。

值得指出的是，即便密尔松是对的，这也只是造成了梅特兰作品一个次要层面的细微不同。密尔松自己也承认这一点，他写道：“如果所有这些都是对的，如果所需做的有关修正现

1　亦即免服兵役税、土地买卖法和非法侵占令状，都是技术性议题。

2　Bell, *Maitland*, 30.

3　Bell, *Maitland*, 2.

4　Bell, *Maitland*, 68.

5　伊尔顿认为梅特兰关于法律书《弗莱塔》（*Fleta*）的贬低性观点太过强烈，其关于《末日审判书及其他》乃“阉割”之作的理论是错误的，同时梅特兰也忽视了议案诉愿机制。

在看来似乎是重要的，它们一旦与原初构图相比就不那么重要了。”[1] 当密尔松十四年后回到相同的主张时，他对自己的“异端”（heresy）理论是否正确犹疑不定，得出结论认为：“那么现在，这个‘侏儒’必须停止抱怨自己在‘巨人’肩膀上的有利位置……”[2] 伊尔顿考虑了密尔松的主张，认为：“梅特兰未能赋予一个封建或领主世界的社会结构以合适的分量。”[3] 伊尔顿这样总结密尔松的观点：“梅特兰将这种确定而复杂的法律状态提前了至少一百年，在他的观点中，封建关系早在十二世纪末就已在国王统治下占据主导地位……”[4] 伊尔顿继续写道：“最后，两幅构图的差异就在于侧重点而不是本质……”[5] 无论如何，即便是这种细微的异端也可能是错的：“对这样一种新解释尚未有进行评价的意向，而据我所知密尔松在最后可能不会居于主导地位。”[6] 这种异端解释——引人遐想其重要性和可赞美性——在存活的十八年时间里未能从其原初支持者或其他人那里获得多少基础。

当我们考虑到这种写于一百年前的五千页细节文稿只有一些细微的侧重点及一两处事实得到修正，而梅特兰的庞大思想建筑物依然挺立，我们就开始理解了为什么他在历史学家们中享有一种近乎上帝般的地位，因为这些历史学家们知晓他所面

1 Milsom, in Maitland, *History*, III, lXXXIII.

2 Milsom, "F.W.Maitland", 281.

3 Elton, *Maitland*, 45.

4 Elton, *Maitland*, 47.

5 Elton, *Maitland*, 46.

6 Elton, *Maitland*, 48.

对的问题及他的解决方案的雅致。

伟大的法律史学家维诺格拉多夫在某些特定观点上与梅特兰存在分歧，但在梅特兰去世后不久他便撰文称其为“关于英格兰法的最伟大的法律史学家”，称梅特兰作为律师、历史学家和社会学家全都负载累累：“律师因其主题，历史学家因其方法，而社会学家因其结论。”[1]

赫克斯特（J.H.Hexter）在其关于现代历史学家的书中将梅特兰视为“最伟大的英格兰历史学家”[2]。柯林伍德（R.G.Collingwood）提到“最好的历史学家，比如蒙森（Mommsen）和梅特兰”[3]。丹尼斯 · 哈伊（Denys Hay）在其关于西方历史编纂的综述中将梅特兰描述为和马克 · 布洛赫比肩的“巨人”（giant），是“当代最伟大的两名历史学家”之一。[4] 布洛赫称之为“伟大的英格兰法学家梅特兰”[5]。中世纪研究专家海伦 · 卡姆（Helen Cam）在梅特兰去世五十年后就梅特兰《历史论文集》完成了一篇前言，盖棺论定。“让我们和波威克（Powicke）一起说，‘梅特兰永垂不朽’，让他安息于此。”[6] 塞尔斯（G.O.Sayles）写道：“在其兴趣范围内，以其智识之完美及二十五年写作之可

1 Vinogradoff, "Maitland", 288—289.

2 Hexter, *Historians*, 156.

3 Collingwood, *Idea*, 127.

4 Hay, *Annalists*, 169.

5 Bloch, *Feudal Society*, I,XXI.

6 Maitland, *Selected Essays*, XXIX.

观，梅特兰在英格兰历史学家中无可匹敌。”[1] 梅特兰未能获得更普遍赞赏的部分原因可在约翰 • 伯罗（John Burrow）那里找到。伯罗将梅特兰与伟大的威廉 • 斯塔布斯（William Stubbs）相比较，写道：“梅特兰比斯塔布斯更犀利、更精良、更理论化及更令人印象深刻，但在梅特兰的情形中……没有哪一部单独的著作是其天才和学养的最为显著的结合。”[2]

而我，麦克法兰（K.B.McFarlane）在1965年提到过：当塞科姆比（Seccombe）在其关于梅特兰的讣告中谈及“吉本和麦考莱以来英格兰最伟大历史学家去世带来的涟漪”时，他“意指梅特兰作为历史学家比不上吉本和麦考莱取得的高度，他对自己的朋友不公正。或许他只是希望表明梅特兰所属的团体是多么优秀。我们没有发现这种评估在观点上到底主张了些什么。当我们在一定距离之外观察整个范围时，我们可以看到梅特兰在山巅超过了所有人。英格兰其他历史学家已将梅特兰式的精致学术与富有想象力的洞见、智识的掌握及表达的艺术结合起来。梅特兰在不列颠之外的对手只有蒙森”[3]。甚至批评梅特兰的学者——密尔松也将其称为“一位仍然活着的作者”，他写道，梅特兰“或许希望其作品被超越。但还没有什么迹象表明这会发生”[4]。

在一次研讨会中，许多中世纪历史学家及两位法律学家对一百年前出版的梅特兰巨著《英格兰法律史》进行梳理。

1 Sayles, "Maitland".

2 Burrow, *Liberal Descent*, 131.

3 McFarlane, *Mount Maitland*.

4 Maitland, *History*, I, lXXIII.

他们发现很少有地方能够吹毛求疵，只是对其论述做了细微的技术性调整。[1]通常他们所做的不同解释也只是增强了梅特兰更一般性的论证。例如，帕特里克·沃莫尔德（Patrick Wormald）提出了三处“异议”，但得出结论认为“我所争辩的一个结果是对梅特兰的核心支撑”，亦即“英格兰法律史与欧陆其他国家不同的原因在于，英格兰国王受制于其法庭……对我而言这似乎是至关重要的真理……”[2]与此类似，在新版《末日审批书及其他》的前言中，霍尔特（J.C.Holt）指出了该书当中的一些技术性错误，但仍然推荐该书为“英格兰中世纪史最伟大的独立作品”[3]。

随后，沃莫尔德在意外去世之前，推出了影响巨大的两卷本《英格兰法的形成》（*The Making of English Law*）的第一卷。他向梅特兰致敬，称其为“一切时代中最伟大的法律史学家”，一名“不朽者”。[4]他提到梅特兰相信普通法源起于亨利二世（1154—1189 年）执政的“巨大突然性”，认为这表明了梅特兰对盎格鲁－撒克逊时期有关根源重要性的低估。[5]我在前文已表明，既然我不是用这种方式来解释梅特兰，而是在一种更宽的层面上强调了英格兰文明的盎格鲁－撒克逊起源，因此我不认为有必要去纠正梅特兰。沃莫尔德争辩的一切只是在强化梅特兰更一般性论证的结论。例如，沃莫

1 相关论文，参见：Hudson(ed.), *History of English Law*.

2 Hudson(ed.), *History of English Law*, 19.

3 Holt, "Foreword", V.

4 Wormald, *Making*, XI, 17.

5 Wormald, *Making*, X.

尔德写道："亨利二世立法不同于其他的十二世纪国王，这是因为他继承了一种非常古老而活跃的王室司法体系。"[1]他继续写道："在十二世纪将某些独特要素写入法律的那个王国也正是在十世纪和十一世纪没有接纳欧洲类似物的那个王国。亨利二世像曾经的阿尔弗雷德（Alfred）、阿特尔斯坦（Aethelstan）、埃德加（Edgar）和克努特（Cnut）那样立法，但是末代加洛林（Carolinginans）、奥托（Ottonians）及卡佩（Capetians）诸王朝并非如此。"[2]

因而，沃莫尔德或许确实指出了梅特兰论述中的某种不一致，但他的总体刺激力只是在于强化梅特兰所讲述的关于英格兰历史独特性质的故事。计划中的第二卷的主题在第一卷封底得到预告，再次完美契合了我所认为的梅特兰更一般性的论证。我们被告知该书将展示"英格兰第一批国王在教会法、犯罪与刑罚、法庭与财产领域建立了一种多么令人敬畏的正式和非正式控制体系"。没有这种控制体系，亨利二世及其继任者们的成就就不可能取得。我相信梅特兰很乐于接受沃莫尔德的如下结论："英格兰有着一种独特的法律史，是因为它是世界上最古老的连续性国家这一。"

另外一部基本肯定梅特兰提出之英格兰连续性和盎格鲁-撒克逊起源学说的著作是詹姆斯·坎佩尔（James Campbell）的《盎格鲁-撒克逊国家》（*The Anglo-Saxon State*）。例如，坎佩尔在多篇重印的论文中指出："个人主义"特征——我基

1 Wormald, *Making*, XI.

2 Wormald, *Making*, 19.

于阅读梅特兰及其他来源材料，已经在中世纪和更早期的英格兰找到——“很早就已存在”。他将之与盎格鲁－撒克逊时期英格兰的其他现象联系起来：“高比例的土地买卖转让；妇女拥有相当可观的权利；法律程序并不像过去认为的那样依据我们的标准都是过时和非理性的，而是被有力地论证为在现代意义上是明智的和理性的，更强调成文证据：在那个社会有大量识字人群。”[1]

坎佩尔一次次地强调贸易的复杂性、国家统一的强烈意识、强大的国家机器、相对脆弱的亲属关系以及民主政治的起源和其他相关要素，这些都非常契合梅特兰的论述。梅特兰的作品经常被引用和认可。值得一提的是，在梅特兰去世一百年后，他那一代学者中最博学的盎格鲁－撒克逊及中世纪早期研究学者仍然继续公开支持斯塔布斯－梅特兰的理论视角。

*

我们已经看到，梅特兰将托克维尔及其他人提出的有关理论通过整理档案提升到了一个新阶段。[2]那些前辈们提出了一种基于某些历史研究的历史过程假设，但难以深入最重要的英格兰个案，因为缺乏材料来源和经验。梅特兰恰好具有这种经验及材料来源，成为十九世纪最后四分之一时期内首次开启公

1 Campbell, *Anglo-Saxon*, 27—28.

2 关于梅特兰学术，前辈们相关观点的总结参见：Macfarlane, *Riddle of the Modern World*.

共档案和精选印刷品运动的领导者之一。他是盎格鲁－撒克逊时期以来的一位伟大的原始档案编辑和研究学者。他的理论直觉受检验于也源起于对历史档案的一种深刻理解。然而他生命中只有短暂的健康时间去这样做，而还有一些任务需要留给他的后继者们完成。我们之前在多种出版物及塞尔登协会的创建中看到过这一努力的成果。

梅特兰完全意识到，他只是刮破了历史的表层。在《庄园及其他领主法庭案例选》（*Select Pleas in Manorial and Other Seignorial Courts*）的导言中，梅特兰写道："一些从十三世纪开始直到十六世纪结束的档案卷宗有着不可估量的价值，特别是如果它们开始于调查或'扩展调研'而结束于地图绘制。"[1]他意识到，地方档案领域的大量财富有待社会史学家和法律史学家们加以挖掘，而他只能触及表面。

梅特兰自身的工作主要集中于早期庄园档案与核心的普通法法院档案。他不可能完整探索全部的其他档案，包括衡平法管辖权的丰富档案、地方教会档案及其他。尽管梅特兰确曾对剑桥郡地区的部分市镇做过更为详细的研究，但他从未真正从事过关于一个村庄或若干庄园的详细研究，而后者有可能将多种档案整合起来。

梅特兰是第一次档案革命的领袖人物，那时相关核心档案首次可用并被实际使用。第二次档案革命大体发生于1950年之后的四分之一世纪，那时的地方历史和地方档案馆的重新组

1 *Select Pleas*, XI—XII.

织化忽然披露了一大批新材料。[1] 这些材料使我们看到梅特兰那些尚属直觉的结论是如何被细微的考据工作所证实的，考据针对的是梅特兰提出过的制度在地方层面是如何实际运作的。这就形成了一种很迷人的情形，就像一位生物学家预测了某种生物，而当显微镜足够强大时就可看到这种生物。我在下文将采取简要总结的方式对梅特兰的有关结论进行检验。

梅特兰去世以来，地方层面的大量历史材料得以出版，这尤其得益于各种档案研究协会的推动。也有大量关于村庄和庄园的著名研究成果。我与我的同事们，特别是萨拉·哈里森（Sarah Harrison）自 1970 年代以来所从事的研究和上述研究成果有所不同。首先，我们致力于追踪一个特别教区埃塞克斯郡的厄尔斯科恩（Earls Colne）从最早期直到 1854 年的长达五百年的完整档案。其次，所有这些档案都录入电脑，以单片缩影胶片的形式出版，如今仍可在万维网上看到。[2] 我们因而首次拥有了长时段的庄园法庭卷宗资料，这可以与其他精彩的庄园档案包括 1598 年的一幅很详细的地图结合起来，以便重构长达五百年的土地占有史。这些材料还得到教会机构提供的大量档案，尤其是教区登记簿和遗嘱的补充，中心法庭也提供了材料补充，特别是衡平法庭（例如大法官法庭）那些丰富且基本未使用过的档案。有一段时间，我们也追踪过私人层面的材料，比如十七世纪中叶厄尔斯科恩的教区牧师拉尔夫·若

1 对此的一个概述，参见：MacFarlane, *Guide*.

2 参见网页：www.alanmacfarlane.com .

瑟兰（Ralph Josselin）的日记。[1]

所有这些材料都已编目，家庭史与土地类型都已重构。这一工作由一个小组完成，涉及若干录入电脑的项目及诸多个人的数年投入。这一工作不大可能重复进行，但确实给了我们一个机会去见证梅特兰的观点多么卓越。

除了总结一下来自这些密集档案材料的某些印象之外，我们似乎不可能再做些什么。与梅特兰的某些主要观点相关，材料证明梅特兰的先见之明与实际数据非常吻合。厄尔斯科恩档案显示，英格兰法律与社会从 1200 年以来有着一个连续的演化过程，中间没有重大的断裂，没有从一种文明（“封建”“农民”）走向另一种文明（“资本主义”“个人”）的“转型”。任何阅读过厄尔斯科恩档案及调研过产生这些档案的具体制度之运行方式的人，都会支持梅特兰的观点。确实存在变革，但更深层的结构有着巨大的力量，而且演化过程中没有任何革命性的断裂。即使我们尽可能地深入档案材料的背后，我们也看不到任何马克思主义或其他转型带来的影响。

梅特兰主张，在十四世纪到十八世纪的历史时期，英格兰的制度与人们认知的法兰西或诸多“农民”式欧洲国家的大有不同。例如，英格兰对土地的依附远比法兰西的要弱，家庭土地的约束力也不一样。梅特兰关于英格兰个案的有关结论再次为厄尔斯科恩档案所证实。

梅特兰主张，英格兰的制度从未建立在“村庄共同体”的观念之上，这种共同体里有土地或其他资产的“共同体”所有

1 Macfarlane, *Family Life and Diary*.

权，以及一种深度凝滞的社会，血缘和邻里关系将人们塑造成一个“礼俗社会”（gemeinschaft）。梅特兰关于个人主义和结社之混合性的描述似乎非常好地抓住了厄尔斯科恩的制度运作特点，而 1350—1850 年间没有任何关于从共同体向个人主义转型运动的迹象。

梅特兰表明，英格兰的制度包含了一种关于权利和责任的复杂网络，这种网络既是集权的，也是分权的，同时将人们分层安顿。对厄尔斯科恩土地及其他档案的研究被梅特兰关于封建制如何运作的论述所阐明，尤其是对厄尔斯科恩某些旷日持久之司法案例的详细描述——牵涉诸如牛津伯爵、财政大臣、伯利勋爵之类的名人——阐明了权力与财产之间异常复杂的联系，而梅特兰对此早有精当分析。

梅特兰呈现了一幅不稳定、贵族化及流动的社会结构图景，人们在其中持续地追逐财富。换言之，没有什么固化的阶层，没有世袭的血缘等级，而财富可以购买身份。这一点得到厄尔斯科恩历史的证实，那里有财产的易手，属于新富阶层的伦敦商人进入村庄，同父同母的孩子们在财富与等级地位上起起伏伏。

梅特兰表明，家庭制度建立在妥协以及基本的平等基础之上，例如针对孩子与妇女的男性父权的缺失。在厄尔斯科恩存在大量关于妇女和孩子之相对自治并拥有权力的证据，尤其是在衡平法档案中，也包括遗嘱及其他档案。梅特兰认为，没有任何证据表明存在一种妇女地位逐步改善的过程，反倒是十四世纪至十六世纪的妇女比十九世纪的更加独立自主。

梅特兰用材料证明了法律和正当程序的力量及普遍性。这一点随处可见。厄尔斯科恩的制度核心在于法院的多样性、对法律的尊重以及法律体系中包括社会底层在内的人们的广泛法律知识和法律关联性。梅特兰意识到，这是一个浸泡在法律中的社会，但法律本身是富有对抗性、习惯性及权利本位的那种类型。

梅特兰提出，将这一体系整合在一起的是基于信托概念成立之小型团体与单位中共同工作的非亲属人士之实际能力。即便是在厄尔斯科恩这样的低微层次，梅特兰的观念通常也能间接地以上千种方式加以反映。我们可以在学校、教堂、庄园及郡县行政的组织中看到这种方式；这也是牧师、教师、庄园法庭里的陪审员以及新教的小型教派实际运作的方式。所有这些及其他一些迹象展现了一个世界，其中人们与自己的邻居、朋友、宗教同道或其他大量非正式结社中的成员一起联合起来从事自己的活动。许多这类团体建立在信任和诚实的基础之上，随时投入并产生收益的不是作为整体的共同体，而是那种特定的结社或某种更高层次的存在，尽管还未被称为国家。由此，个人主义受到结社增加及共同工作义务的限定。

在一本小书中只能展开并总结这些结论了。我只能确认，在对厄尔斯科恩长达三十年的研究中，在其与英格兰北部另一个教区——柯比朗斯代尔（Kirkby Lonsdale）的比较中，以及将这两者与我作为一名人类学家对喜马拉雅村庄（Himalayan village）和日本历史的长期研究所做的比较中，

马克·布洛赫（ Marc Bloch ）

我发现梅特兰的观点完美契合并阐明了英格兰个案。[1] 我未曾用这里提到的村庄研究去检验梅特兰的观点，不过当我们将他的假设模型与一个英格兰教区五百年的完美档案相对照时，我们未发现梅特兰做出过任何严重误判。这对追随他的人来说已经足够，这也是另一条我们信任梅特兰结论的线索。在梅特兰学术遗产的激发下，我们如今有着数千页的原始档案可用于检验他的观点。[2]

*

既然梅特兰的论述——如果正确的话——将会是对孟德斯鸠、亚当・斯密和托克维尔之猜想准确性的一个如此雅致的证明，那么就值得对其权威性进行进一步的检验。尽管梅特兰对欧陆法非常精通且远远不是那种“英格兰本土主义者”，但我们还是想知道英格兰到底是不是这样独特，发生在十二世纪到十五世纪的大分野是否确如梅特兰所言。为了追求这一理解目标，我们可以关注来自另一位天才的问题，通过这位仅有的中世纪专家的眼睛来看，他可以在知识广度与深度上和梅特兰一较高下，他就是马克・布洛赫。布洛赫怎样看待欧陆和英格兰发展路径之比较呢？这可是所有这类思想家们的理论中心所在。

1 Macfarlane, *Resource*. Macfarlane, "Law and custom in Japan". Macfarlane, "Japan in an English Mirror".

2 参见网页：www.alanmacfarlane.com .

关于英格兰，布洛赫似乎发展出了在诸多方面与梅特兰相类似的三阶段模型。盎格鲁－撒克逊时期构成第一阶段。在其巨著《封建社会》（*Feudal Society*）中，布洛赫提到，从盎格鲁－撒克逊时期开始，英格兰就存在某种独立和独特之处，它是“一个有着日耳曼结构的社会，直到十一世纪末期仍然追求着一种近乎完全自发的演化进程”[1]。如梅特兰所言，英格兰独特性的部分原因在于“不列颠缺乏高卢－罗马社会的那种底层结构，这种结构在高卢……似乎明显有助于阶级区分的发展”[2]。

随后，仍然如梅特兰所论，欧陆与英格兰的历史存在着大约一个半世纪的大量的重叠，从1100年到1250年。“尽管有着区别性特征，但英格兰的发展进程依然呈现出与法兰克国家之间某种显著的近似性。”[3]因而，“实际贵族的演化首次遵循着几乎与欧陆相同的路线——只是在十三世纪出现了非常不同的方向”[4]。

历史分野随后就发生了，并再次呼应了梅特兰的观点，布洛赫认为大约从十二世纪末开始，王室权力与领主权力之间的关系在英格兰已发展出不同的方向。“在这里，两种路径出现了显著的分野。在英格兰，十二世纪以来，王室司法使自身感受到了不同的力量。”另一方面，在法兰西，“王室司法的演化

1 Bloch, *Feudal*, I, 181.

2 Bloch, *Feudal*, II, 184.

3 Bloch, *Feudal*, I, 370.

4 Bloch, *Feudal*, I, 184.

落后英格兰整整一个世纪，而且遵循了完全不同的进程”[1]。

十二世纪末以来不断扩大的历史分野表现在若干领域。可从如下方面加以认识。“高层司法与底层司法的区分对英格兰制度而言一直是陌生的。”[2]完全保有所有权的土地制度在欧陆十分常见，这避免了封建所有权向社会底层的最终渗透，但这种制度在英格兰完全灭绝了，那里的所有土地最终都由国王持有，而不是由任何臣民享有完全所有权。被诺曼人征服之后，英格兰开始不具有私人封建制裁权。它因此避免了碎片化的无政府状态，而这在法兰西正好是制度特征。[3]事实上，我们被告知，英格兰封建制“在社会组织方面有着某种实物标本的价值”，不是因为它是典型的封建社会，而是因为它显示了“在一个诸多方面表现为同质性文明的社会中层存在着创造性观念，在一个特定环境影响下成形，它到底是如何创制出一种完全原生性的法律体系的……”[4]。正是这种“完全原生性的法律体系”为我们正在讨论的问题提供了钥匙。

在一个更深刻的层次上，如梅特兰所言，布洛赫也主张英格兰已从诸多欧陆国家走过的封建制道路上移开很大一段距离。布洛赫提到了英格兰政治与社会体系的集中统一。它与布洛赫所谓的封建制主要特征相去甚远，在他看来，封建制是权力下移、非整合性以及国家的离散化。当布洛赫比较英格兰和法兰西时，差异立现。“在英格兰有自由大宪章；在法兰

1 Bloch, *French*, 127—128.

2 Bloch, *Feudal*, II, 370.

3 Bloch, *Feudal*, I, 128.

4 Bloch, *Feudal*, II, 274.

西，1314—1315年间，各种大宪章分别颁给了诺曼人、朗格多克人、布列塔尼人、勃艮第人、皮卡第人、香槟人、奥弗涅人、西部巴塞斯军团、贝里人和讷韦尔人。在英格兰有国家议会；在法兰西有省级议会，通常更加频繁地召集，总体上比国家议会更为活跃。在英格兰有普通法，几乎不受地区例外习惯的抵触；在法兰西有地区'习惯'的大杂烩。"[1]因此英格兰是统一和集权的，法兰西是多样化和地区化的。因为"公共官僚机构并不与封地完全一致"，布洛赫认为，"英格兰是一个真正统一的国家，远比任何欧陆王国都要早"。进一步来说，英格兰议会体系有着"独特的品质将自身与欧陆的'等级会议'体系显著区分开来"，"等级会议与掌权的权贵阶级之间的合作相联系，而英格兰体系则反映了英格兰政治结构的显著特征……"[2]

与这些差异相关的是一种独特的身份制度。英格兰没有一种正式的血缘贵族制，但这种贵族制确实在法兰西发展起来了。确实，"英格兰有着一种和欧洲任何国家一样强大的贵族制——或许更为强大……"在其顶层是一个由伯爵和"男爵"组成的狭小团体，他们在十三世纪被授予特权。不过这些特权某种程度上与欧陆贵族特权有着不同形态。这些特权"几乎完全是政治和荣誉性质的。总之与封地尊严有关，与'荣誉'有关，只可传给长子。总体而言，英格兰的贵族阶级更多是一种'社会'阶级，而不是'法律'阶

1 Bloch, *Feudal*, II, 425—426.

2 Bloch, *Feudal*, II, 430, 371.

级”。当然，尽管权力与威望落在这个团体身上，但它“太难以界定以至于保持着一种很大程度的开放性”。因而“在十三世纪，土地财富的拥有足以获授‘骑士’称号，实际上是为了赋予义务”[1]。故而“在实践中，任何有着固定财产和社会地位的家庭”从来不会在获取世袭勋章使用权方面“遭遇什么困难”。[2]布洛赫的故事有一种困惑在其中，即诺曼人入侵带来的社会等级变化以及在形势严峻的十二世纪与十三世纪英格兰没有朝着欧陆方向转变。不存在基于法律和血缘的贵族，没有托克维尔意义上的原生“等级”出现。如前辈们已然揭示的，这赋予了英格兰贵族制以持久的弹性和权力。“主要是通过与实践事物保持密切联系的方式，英格兰贵族制赋予人们以真实的权力，避免了压倒社会等级的瘫痪状态，这种状态之界定太过清晰且太过依赖出生，而英格兰贵族制最终取得了其维持数世纪的主导性地位。”[3]毫不奇怪布洛赫会起这样的标题：“作为例外情形的英格兰”。在欧洲封建制层面，布洛赫证明了英格兰事实上正如托克维尔早期猜想的那样，并没有出现从契约（封建制）到身份（社会等级）的转变。它没有逆转梅因的如下著名格言：“进步社会的运动是从身份到契约的运动。”

在最低的社会层级，发展出了某种完全不同于法兰西情形的状态。就在同一时期，亦即十二世纪后半叶，另一个结

1 Bloch, *Feudal*, II, 331.

2 Bloch, *Feudal*, II, 331.

3 Bloch, *Feudal*, II, 331.

构性差异出现了，即英格兰隶农（villein）的独特地位。布洛赫指出："英格兰隶农制常常被认为等同于十三、十四、十五世纪的法兰西农奴制（servage）……但这只是一种表面化的类比……隶农制实际上是一种特殊的英格兰制度。"它是"孕育其中的一种特殊政治环境"的产物，亦即"早在十二世纪后半叶……英格兰诸王就成功取得了受到全国承认的法庭司法权威"[1]。但制度差异越来越大，以至于"十四世纪的法兰西农奴与同一时期的英格兰农奴或隶农归属于两种完全不同的阶级"[2]。布洛赫在他处阐明了，"在这样一个特别集权的国家"，王室权力是如何能够重新捕获逃亡之农奴的。[3] 这是因为在诺曼人和安茹人的影响下，"王室司法权力已发展到一种非同寻常的程度"[4]。布洛赫确认了梅特兰的如下观点，即"在诺曼诸王治下的英格兰不存在保有完全土地权利的农民"，而在法兰西则存在这种情况。[5]

所有这些结构性差异都将英格兰置于不同于欧陆多数国家的发展路径之上。布洛赫甚至将这些差异与自由和财产方面不断扩大的分野联系起来。在首次发表于1928年的一篇题为《对欧洲社会比较史的一种贡献》（"A Contribution Towards a Comparative History of European Societies"）的论文中，布洛赫详细阐述了这些差异的具体影响。英格兰农业变得"个

1 Bloch, *Land*, 58—59.

2 Bloch, *Land*, 61—62.

3 Bloch, *Feudal*, I, 271.

4 Bloch, *Feudal*, I, 272.

5 Bloch, *Feudal*, I, 248.

体主义化”，而法兰西农业保持着“共同体主义”，一种“新的自由观念”在英格兰产生，那里“没有谁甚至包括国王可以介入他（隶农）与领主之间的关系。但在法兰西没有类似的观念。在法兰西，王室司法发展得更缓慢一些，它走了一条非常不同的路线。在法兰西没有什么比得上亨利二世之于英格兰那样的重大立法”[1]。因而尽管英格兰和法兰西是“相邻且同时代的社会”，但是它们之个体主义的发展“进程与结果”却“揭示了如此深刻的程度差异，简直判若两类”[2]。

因此我们从布洛赫那里，也从梅特兰那里，看到了一种基本填补早期理论家们之猜想空白的叙事。我们独特的现代世界的某些根源就存在于盎格鲁－撒克逊时期。在一个多世纪的时间里，英格兰与欧洲大陆有过交集。随后，从十二世纪开始，二者之间的法律、社会和政治结构开始出现分野。欧陆许多国家走向了托克维尔所谓的等级制和绝对主义。基于特殊原因，一个岛国保持了其制度结构不同部分之间的一种力量和动态张力的平衡。这将为其更大规模之欧陆邻国的发明与观念提供一个特别的庇护所。

*

梅特兰的作品倾向被置于一种相对狭小的框架之中。绝大多数撰述他的人都是英格兰历史学家、法律家和其他专家，他

1 Bloch, *Land*, 60—61.

2 Bloch, *Land*, 66.

们受过专业训练以追随梅特兰的某些论述。他们并不经常将梅特兰置于一种欧洲框架或一种智识努力的伟大传统中加以分析。他们没有看到梅特兰源自早期法律实习经验与资格论文而对政治经济学问题产生的真正兴趣；他们也没有考虑到梅特兰延伸性的世俗分析框架，一种从七世纪直到十九世纪的英格兰元历史（metahistory）。他们距离梅特兰太近。

当我们后退一些，就像既然他已远离我们而使得我们现在可以做的那样，就可以看到，正如我曾提到过的，梅特兰是一座高山，远远凌驾于中世纪英格兰法律的技术性历史之上，也远远凌驾于英格兰档案之伟大编辑之上，尽管他在这两方面做得极好。梅特兰关于自由和平等之起源的核心问题与孟德斯鸠和托克维尔是一样的。而梅特兰的答案，尽管局限于一国，却以其时间跨度和学识深度而有效拓展了地理宽度。

梅特兰不是不可避免进程论（inevitable progress）的信徒。他也不是一名“辉格”（whig）历史学家。然而他相信成长，相信带有连续性的变革，相信英格兰自由的深厚根基。他不是一名英格兰至上主义者（english chauvinist），但却自豪于英格兰法律并看到其制度美德，尽管是抑或部分是因为这种法律的含混性及经验主义。他也不是一名庸俗的实证主义者（positivist），他意识到历史工作严格依赖于直觉、预感和猜想。不过他也同样意识到对当时档案的细致研究是证明和矫正有关直觉的必要工作。他在理论与数据、细微而精确之细节与宏大观点之间来往自如。梅特兰既是最优秀的地方历史学家之一，也是国际层次上的伟大思想家。正如斯凯勒

（Schuyler）写道："宏大观点与细微调研的结合，麦考莱所谓的历史写作中实景绘制与地图制作的结合，正是梅特兰标志性的特征之一。"[1]

受到可能早逝之预感的推动，梅特兰在大约二十年时间里致力于解决与其他早期思想家们共同的谜题。奇妙的现代世界，带有对自由、平等和财富的一瞥，到底是怎样形成的？为什么它会在世界的某个特定部分呈现出来，而且是以英格兰最早期和确定性的形式呈现？准确而言，这种独特文明的构成要素是什么？他的解决方案，更多基于档案，实质上与孟德斯鸠、亚当·斯密及托克维尔提出的方案相同。现代性的本质就在于诸领域的分离，在于宗教、政治、亲属与经济的张力之中。特定的自由和有活力的能量就出现于这些矛盾因素之中。把握它们彼此之间的平衡是极其困难的。其他人的猜想在于，现代性的起源一定落在日耳曼人入侵时期的某个地方。梅特兰向我们展现的是，当历史追踪确实深入了那里的黑暗之中时，有可能从那个时间点向前及向后推移。

如果有人这样做了，他就会发现保持这种平衡是一个巨大的概率事件。一整套因素，从一般性（岛屿性、诺曼人征服的偶然性以及卡特里教派和异教审判的缺失）到个体性（亨利二世或爱德华一世的人格个性），各有作用。在一个小岛国上发生的事情既反映了其相邻大陆上发生的事情，也改变了后者。就像加拉帕戈斯群岛（Galapagos）上出现了新的雀类物种一样，英格兰那里发展出了一种新的文明类型。通过诸如美洲的

1　Schuyler, *Maitland*, 20.

发展、不列颠帝国的扩张、第一次工业革命以及现代世界的形成等重大事件，这种新文明会被放大并达到极致。我们借助梅特兰获得了一种发达理论，该理论就现代世界如何形成的部分问题提供了一种可信的答案。

10 梅特兰的谜题解法

关于现代性起源或我们的奇妙世界的谜题，其答案或核心在于所出现之现象的混合性质。身份与契约之矛盾的克服必须依赖于一种新的结社形式。首先，这种新实体必须是“团体”，是具有永久性的主体，但又必须不是由血缘（亲属关系）、宗教或国家设立的。它必须是自我负责的。但它又必须得到这些猜忌性制度的承认和宽容。其次，它必须基于选择而募集和遴选成员，无论是内部成员还是外部人员。它必须基于成就而不是社会归属，有招募权和开除权，并有一种基于美德和效率而招募的趋势。再次，它必须能够追求目标，保护自身免受猜忌性对手的腐蚀，目标应当是特定的，不因更宽泛的考虑而随意抛弃。换言之，它需要包容一定数量的个人并赋予其相互合作及接受保护的空间，成员们在其中可以追求团体的目标。

所有的文明都发展出了这类团体的世俗版本，即便通常很脆弱：花艺小组、互惠信用社、咖啡屋圈子。然而一旦这些团体取得显著成功或开始聚焦财富，它们就会遭到其对手的碾压。家庭憎恨这类团体对时间与情绪的吸引；教会禁止共济会类型（Masonic-type）的机构存在；国家会碾压任何有着潜在颠覆性的大规模组织或集会。因此很少有团体能够在亲属、宗教和国家的主导性机构缝隙中发展起来。

梅特兰所描述的非凡与精妙之处在于，无数这类机构的发展正是源自英格兰的奇特文明。信托提供了这些特征，即一个超过个人的永久性或包容性实体，基于选择和美德的招募，来自国家、宗教和亲属的宽容，对在追求某个目标过程中相互分享与合作的意义供给。如梅特兰所展示的，信托的成果可见于诸多领域，表现在宗教、政治、经济和社会俱乐部之中。梅特兰触及的一种可能的副作用或关联性在这些新实体和体育世界的关系上。梅特兰确实提到过信托在诸如赛马会及 M.C.C. 之类体育项目上的重要作用，但这还只是表面。不同寻常的事实是，英格兰几乎所有的团队体育项目都在中世纪后期以来得到发明或发展，比如橄榄球、足球、板球、曲棍球等等，这绝对不是一种巧合。

首先，这些运动项目需要有使其得以发生的特定组织，需要有边界的空间场地，需要时间和吸引力，从而使得一群人能够从经济、亲属、国家与宗教那里走开，从事球类或任何其他运动。这些由“俱乐部”以其规则、场地、场馆及其他条件加以提供。随后作为俱乐部项目之精华的竞争与合作、自爱与社会义务的非凡混合就得到了鼓励。它是所有其他合作行为的样板。在体育运动、战争、财富创造与美德追求中，目的就是要赢。规则是众所周知的，就像牵涉个人满足感一样牵涉相互责任。这些活动的边界是被严格监控的。理论上，在运动本身之中，亲属、忠诚、社会地位、政治权力的相关要求是被尽可能排除的。游戏就是一切。同样的精神体现在那些将自身的才华与资产组合起来的人身上，目标组织可能是一个贸易公司、一家银行、可运作的协会或“半官方机构”（quangos），以及准自发的非政府组织，抑或常被诉诸的所谓“公民社会”（civil society）。

一旦这些中间性的团体开始取得立足点并被允许发展，它们就会很快到达一个财富滚滚流入的阶段。它们就像中等高度的植物一样，密集填充了国家与教会组成的树顶式的高等植物与森林地面上的单独个体或家庭之间的广阔空间。在绝大部分文明体中，这一中间层次逐步被移除，从而在如下两者之间留下巨大空白：一边是国家及建制性教会，另一边则是作为延伸性家庭的各种短促、散乱、单向联系的黏性温床。不过一旦这些独特的结社如托克维尔在美国个案中提到的那样繁盛起来，它们就会蜂拥挤入这一中间领域，削弱两个极端的专制权力，一端是国家和上帝的权力顶棚，另一端是亲属团体的非道德性家庭主张。忠诚是多样化的，活动得到保护，基于不同目的结社可以获得大量好处。一个由俱乐部、公司、同行、教派及其他形式组成的新世界出现了。

如孟德斯鸠、托克维尔和梅特兰都曾意识到的，这是对自由和平等的保障，保护个体不受政治集权趋势或强调整齐划一之家庭或宗教权力主张的不利影响。所出现的多元性、有竞争的合作，弹性、持续出现的组织与创新的新形式得到鼓励。这是英格兰、美国、日本以及世界上诸多国家之力量与活力的秘密。它伴随着彼此相互联系的英语、法律和体育运动而席卷世界。

增长的财富第一次输入这个体系的中间部分，而不是顶层和底部。一个繁荣兴盛的、资本家的中产阶级世界出现了，充斥着竞争性的小型团体，也可称为“团队”（teams），它们之间在足球、基督教《圣经》解释、与印度的贸易及政治权力上互相竞争。政党、俱乐部和各类结社，这些形式正是现代性的组织奥秘。只有它们才能有效克服“混乱 / 契约”或“整体 / 身份”之间的两极冲突。它们宽容社会不同部分之间的分离并实际上帮助维持这种分离。它们构成了一个日益分化成小型、有意义之社会空间的世界，跨越了原始忠诚的边界。成员招募的基础不是身份，而是契约，是一旦形成就会有某种亲情般的温暖，不带有“开始—结束”式的主张。而且因为存在大量这样的团体，就不会产生垄断，也不会产生绝对主义。无论竞争性政党如何争夺政治权力，或者宗教教派如何争夺救赎，或者科学与艺术团体竞争真理或美，抑或社会俱乐部竞争闲暇与快乐，还是经济团体竞争财富，它们都为个体提供了大量发展其创造力与能量的场合。日本人通过一种非常独特而弹性的亲属系统发展出了这类组织，英格兰人则通过信托来完成。在东方和西方，正是这些机构的发展打下了首次进入现代性的基础。

*

当然，这个结社世界的一个特征就在于，如果你是在其中被养大，它一直环绕着你，它就会变得不可见。如今，结社主义对英国人和美国人而言太过“自然”，以至于它似乎无需再做解释，也很难让人们去发现社团的具体权力。只有那些丧失了结社或结社主义发展程度很低的人才会感知到它的重要性。例如，当今社会，通常是那些来自东欧背景的人对用什么取代共产主义有兴趣，同时在西方盛赞公民社会并强调其核心地位。[1]在更早的时期是欧洲以外的人这样去做。甚至更早一些，是法兰西人和苏格兰人，当时生活在所谓的古代政体（ancien regime）或宗族社会之中，身份占据主导，他们惊讶于英格兰的独特现象。

通过梅特兰对亨利·梅因爵士关于所有进步社会从身份到契约之社会运动理论的反对，一种新的理解维度被添加进来，亦即关于公民社会——首次在世界文明层次上具有主导性地位——偶然与人为发展的历史档案学。民主、自由、平等与财富均植根于这一普遍存在但很大程度上不可见的结社温床之上。它的出现是偶然的，它的存活是不确定的。这个"婴幼儿"能够被轻易勒死，而如果亨利八世或霍布斯有他们的办法的话，寄生于那个政治体的肠道蠕虫就会被毒死或排泄掉。果真如此的话，联合起来追求财富、权力与知识的欲望毫无疑问会在大量的秘密社会中表达出来，比如共济会（Masons）、玫瑰骑士团（Rosicrucians）、黑手党（Mafia）、三人组（Triads）、日本帮派（Yaku-za）以及其他形式，这些已大量滋生于其他政治体中。

1　参见盖尔纳（E.Gellner）的作品，尤其是《自由的状况》（*Conditions of Liberty*），从东欧视角展开的一种更有批判性的评估，参见汉纳（Hann）和邓恩（Dunn）的《公民社会》（*Civil Society*）。

在大多数历史个案中存在的是被完全接受的身份型结构，与之相对的是与国家处于战争状态的、被禁止的秘密组织。持续性紧张耗竭了双方的力量：保密的成本和警察的成本都是高昂的。盎格鲁－美国传统中不同寻常之处在于，有关结社都是相对开放的。几乎不存在什么禁令或干预。不同教派、政党、俱乐部、公司与同行没有被驱赶到地下以形成一个“非正式”或“黑暗”的经济、政治或社会世界。它们与国家及建制性教会一起运转。它们交纳税费，观察到国家的规则，由自豪于宣扬成员身份的大多数正直公民组成。从而财富、权力、社会性和知识均可公开加以追逐。没有什么来自监管、密谋及秘密性的冲突，也不难将成功方案扩展适用到实践问题的解决上。

只要某个教派、公司或俱乐部是以吸引他人的方式建立的，结社的自由市场上就会鼓励竞争者。归属这类单位所带来的各种回报，无论是物质性的还是象征性的，都无需以任何方式隐匿。对诚实、信任和相互尊重的鼓励而不是害怕、欺骗和相互猜忌，是大量存在的，而这样一种开放社会的种种优势，无论是对真理还是对财富或社会价值的追求，都是决定性的。而那种“黑暗”的替代性系统与双重标准——这些正是世界上许多国家的祸根——整体上并不存在。

因而在国家层面，有着普遍统一性的多样性组合在地方层面得以发生。这就鼓励了对权力、财富及社会性之多样化来源的瓜分，导致集权和刚性统治变得更加困难。只要某种垄断形式开始建立，就会有更小但更灵活的对手自动形成侧翼包抄。即便是国家自身也会发现被一系列的个人结社剥夺了许多重要的职能，那些结社已经将警察、钱币铸造、娱乐及知识生产

"私人化"了。

诚如托克维尔已经指出的，这将意味着近乎无权的个人可以通过与其他有类似心智的个人结社而变得异常强大。无论是通过一个工会，一个妇女协会，一个妇女参政组织，一个废奴协会，一个残疾人行动协会，还是一个少数派宗教，抑或其他任何组织，多样化的声音被倾听，从而使得劣势团体开始改善其地位。通常而言，在其他国家，来自这类团体的抗争甚或对其共同利益的认可都会遭到压制。然而自由结社赋予他们以权力。而且这种权力还处于一种有意义的层次中。马克思鼓励全世界工人团结起来，非常清醒地意识到阶级团结在当时太过模糊不清和派系化以至于很难被强烈感受到。但是心智类似的个人可以加入不同的团体，这些团体可以被强烈认知到，因为它们足够小型，又接受直接指导，可以使人们感受到成了一个规则型地方组织的一部分。人们可以在一个足球俱乐部或宗教教派中参与竞赛及寻求认同。不过对他们而言，在抽象意义上想象自己深度献身于"足球"或某种世界宗教是更加困难的。

为了推动现代世界的出现，不仅有必要设立一种新的经济组织，一种新的政治秩序，甚或还需要宗教、政治、经济、亲属系统之基本纽带与需求下的一系列反对派和分离派。某种意义上，那些古老的正统学说，诸如共同体与个人、身份与契约以及统治者与被统治者，也需要加以克服。或者我们用达尔文的术语来讲，自私的基因是不充分的。自由竞争导向了霍布斯式的肮脏、粗野与短暂的人生。但是另一个极端，将个体完全融化在一个有机整体之中也是不能令人满意的，那在极端情形下会导致出现斯大林（Stalin）、希特勒（Hitler）及波尔波特

（Pol Pot）的世界。竞争与合作、自私之爱与社会之爱之间的张力都需要得到维持，同时也要得到解决。

当伯纳德·曼德维尔（Bernard Mandeville）在十八世纪初开始思考这些问题时，很显然关于“私人之恶”（private vice）或自私之爱与“公共利益”（public benefit）或社会善好之间的冲突解决方案是可能存在的，“嗡嗡蜂群”（grumbling hive）可以运转。[1]然而不管是他还是某种更高层次上的启蒙哲学家们都不可能搞清楚这个戏法（trick）到底是怎么变的。在十九世纪后半叶，梅因、滕尼斯和马克思都曾致力于解决这个问题，但没有人真正给出过令人满意的答案，因为他们要么根据二元对立进行思考（梅因和滕尼斯），要么将人类倒退回某种原始、预设对立的状态进行思考。梅特兰接受了去社团化、去魅化、矛盾化与分离化。但是他超越这些而看到了身份与契约、共同体与个体的全新组合形式，而所谓的二分法迄今为止也从未作过某个文明的基础。通过对托克维尔结社视角的发展以及对近期公民社会成果的预见，梅特兰看到了人类是如何发明出一种制度来鼓励无数小型的、想象的共同体之发展的，而这些共同体仍然保持着个体属性（individuality）。

这些小型团体有着主体性，它们比各组成部分之和更有情绪及组织性，但它们也是拟制性团体。它们并非基于出生或继承，也不是单纯的国家特许组织。它们是自治的，但受到的管制很少，受到承认但很大程度上被忽视，用梅特兰的话来说是

1 Mandeville, *Fable*.

"无主体"（nobodies），但它们却填充了开放民主社会丰富的中层空间。这种结社的聚合是一切独裁者（authoritarians）的灾星，根据从霍布斯开始经过卢梭再到希特勒和墨索里尼的教义，它们应当被"捆绑"（bundled up）进国家之中。如果它们不能被整合入政治体之中，它们就必须尽可能地被消灭。国家之外的一切替代性团体，无论是拟制实体还是伦理实体，都必须被解体，被摧毁。正如梅特兰引述过的法国革命者的宣言所称，国家之外，别无忠诚。一个仅有国家和公民的世界被宣告诞生，公民之间不存在不受国家干预的纽带。

*

如滕尼斯所论，如果相互对立发生在如下两者之间——一边是建立在契约、理性、心智或曰结社（gesellschaft，或被梅特兰准确翻译成"合伙"而不是"结社"）基础上的社会，另一边是建立在情绪、身份、血缘、地位或共同体（gemeinschaft）基础上的社会——那么现代文明为了得以运转及产生宽容的生存环境，就必须找到融合二者的路径。这正是"成员资格"（fellowship）或信托所要做的。它大体上与俱乐部主义（clubism）以及澳大利亚意义上的"好朋友"（matiness）有关，但不是性别化的。它使得在一个基本的契约社会中设立有意义的持久性次级共同体成为可能。这些"共同体"不是建立在血缘和地位基础上，而是基于共同情感包括纯粹工具性与实践性目标的共同体，这使得生命更有价值，复杂合作成为可能。无论是一个音乐俱乐部，一个赛艇俱乐部，一个舞蹈俱乐部，一个园艺俱乐部，一个政治俱乐部，一个宗教兄弟会，一个商业组织，一个慈善机构，还是一千种其他组织，心灵与心智、情绪与理性、短期工具动机与长期友爱以及自私之爱与社会之爱的结合是可能做到的。正是这种结社制度的发明解释了为什么大部分主要的慈善、社会、政治以及经济与体育运动组织都是在英格兰得到创制。这份清单可以包括皇家防止虐待动物协会（RSPCA）、救世军（Salvation Army）、狮子会（Lions Club）、童子军（Boy Scouts）与女童军（Girl Guides）、牛津饥荒救济委员会（Oxfam）、妇女协会（Women's Institute）、兰巴勒协会（Rambler's Associations），等等，数不胜数[1]。正如托克维尔所指出的，对这类自治结社的参与是反抗独裁的主要堡垒。结社权是对自由的保护，而一切极权野心家都竭力剥夺这种权利，通常会以战争或战争威胁的借口进行。

真正的谜题在于这些反常且组合性的实体是怎样兴起的。它们有着太多的情感因素，以至于单纯依靠契约是无法获得的；它们也有着太多的选择和理性，以至于纯粹依靠身份是无法归结的。如梅特兰描述的那样，它们是合逻辑的矛盾体，是杂交的形式。它们是团体，有主体性，但不是由国家设立的社团。它们是正式组成的拟制实体，但可以激发成员们的热情依附。有人会想知道，它们在高等动物那里是否可能有任何同类，亦即基于相互利益及可证实能力而不是出生的结社？它们中的某些团体在西方已经存续了七百年，包括大学、律师会

1 Veliz, "A World Invented in England", *in New World*.

馆、宗教兄弟会、行会与联谊会。当然它们增殖发展的伟大时代或许就是十七世纪到十九世纪，那时的不列颠已成为世界上最富裕和最强大的国家。后来设立这些准团体的全套技艺都已转移到了美国。

这并不是在说这类结社世界在之前从未存在过，或者在盎格鲁－美国地区之外不存在。这种有着大量非亲属、非国家之结社的状况正是中世纪早期西欧小规模共同体的特征。数以千计的半契约性半永久性机构、宗教兄弟会、行会、工匠密会、自由团体、会馆与庄园、封建结社以及大学都已存在。它是一种诸共同体之共同体。在某种程度上，这也是中世纪日本在十一世纪和十二世纪的状况。大量半契约性的宗教与世俗团体繁盛起来。这一时期在德意志南部与文艺复兴意大利的自由城邦中，正是有着蓬勃创新力与活力的时期。然而它们通常不能持久。各部分重新组合起来，松散的邦联与自由团体被碾碎，一系列强大的机构如利维坦国家和教皇成长起来并吸收了诸多的小型实体，直到存在一种新的等级化与整体化的世界。这在古代政体下的欧洲以及德川幕府的日本（Tokugawa Japan）是以不同方式发生的。在见证一种从契约到身份的运动方面，它们显得很相似。在诸如荷兰以及斯堪的纳维亚部分地区存在着仅有的一两个例外情况，而英格兰出现了一种从契约和身份到某种超越二者之状态的运动，亦即信托和结社。

在欧洲大陆，随着十四世纪以来罗马法的复兴，这种新机构很难生存，甚至在二十世纪有好几次险被扑灭。同样地，新机构也很难在某些国家存在，在那里存在着对所有替代国家之组织的致命敌意。它们也很难在种姓制度下的印度或者多数拉丁美洲国家得到多少青睐。唯独在日本——其中世纪封建制的遗产在于造就了一个结构上高度分离化的现代社会——这种盎格鲁-美国制度得以快速地扎根，即便在十七世纪德川幕府取得主导权后强加过刚性限制，也即便在第二次世界大战期间再次遭受过暂时性压制。

这些结社以多种方式适配于现代社会。首先，它倾向适配于一种分离性的领域。鉴于传统，诸领域努力维持着霸权，例如亲属领域支配着宗教与经济，或者政治领域竭力组织控制其他一切，结社仅仅落实于某个特定领域。一个宗教教派不应当干预政治或市场，一个园艺俱乐部不应当插嘴宗教领域，而一个体育俱乐部也不应当窜犯市场领域。因此这些结社并不要求一种完全的忠诚，而只要求部分的、目标主导下的忠诚。换言之，它们倾向比纯粹的功利主义者（utilitarian）更丰富。它们有规则，要求履行义务，包容的同时也具有排他性，有着一种共同体的感受，亦即归属感。在追求特定目标如体育、思想、政治、崇拜时对效率（efficiency）的呼吁应当得到遵从。不过，个体间也可以有一种相互友爱、同道、有意义及亚当·斯密所谓的社会关爱的感觉。因此结社的整体就超过了各部分之和。

只要这些结社团体之间的关系运行起来，它就会是弹性、流动且非常放松的。有时存在着游戏般的竞争，就像学院或大学里的划船比赛一样。有时也会排序或分等。不过总体上这一结构得以维持，就像其他无首脑（acephalous）的系统通过不同团体的张力予以维持一样。这一系统作为一个整体以同样的方式通过结构性张力、矛盾与反对而实现运转，并不是依赖一种自上而下之权威的整合。

因而，在理论上，通过这些结社的新组合形式之神秘矛盾性，个体可以超越孤独人群之孤立性而有所扩展，成为诸多准团体的一部分，获得一种从临时性聚会（酒馆或公社温泉）到永久性团体的成员资格，可以在许多年里一起共事。即便每个男人或女人并不是某块大陆的一部分，理论上每个人仍然可以拜访一个原子化、契约化、市场化社会海洋中的每一个具有成员资格的岛屿。这种可能性，以及关于自私之爱与社会之爱的逻辑矛盾性的解决方案，正是现代性的神秘本质所在。

在这样一种如此难以理解的戏法中，一种文明出现了，它将生活的不同部分加以分离，包括权力制度（政治）、财富（经济）、知识与信仰（宗教）以及温情与生殖（亲属）。但是生活于这样一个世界的不宽容负担，一个由孤立且互不信任的个体——彼此分离之诸领域的唯一接触点——组成的世界的大量低效率现象，已被一种新型的弹性化制度所克服，它的原型就是信托。这类似于生物学家们所谓的互惠利他主义（reciprocal altruism），但对人类而言显然要超越于此，发展成为一种关于弹性和义务、个体和共同体、计算（理性）和忠诚（感性）的非凡组合。正是这一点赋予了梅特兰以希望，让他看到一个结合了自由、平等与财富的新世界既是可能的，也将会是可持续的。

参考书目

以下为本书中除梅特兰作品之外所引用的参考书目，除非特别注明，均出版于伦敦。其中使用的缩写形式对应的全文如下：

ed.	edited or editor	编辑
edn.	edition	版本
eds.	editors	编者
Jnl.	Journal	杂志
n.d.	no date	未注明日期
trans.	translated by	由……翻译
Univ.	University	大学

Bell, H.E., *Maitland: A Critical Examination and Assessment,* 1965.

Blackstone, William, *Commentaries on the Laws of England*, 18th edn.,1829.

Bloch, Marc, *Feudal Society*, 2nd edn. 1962, tr. L.A. Manyon.

Bloch, Marc, *Land and Work in Medieval Europe*, 1967, tr. J.E. Anderson.

Bloch, Marc, *French Rural History: An Essay on its Basic Characteristics*,1966, tr. J. Sondheimer.

Bolingbroke, Viscount, *The Philosophical works of the late Right. Honorable Henry St John, Lord Viscount Bolingbroke*, 5 vols.,London, 1754（pub. David Mallet）.

Burrow, J.W., "The Village Community" and the Uses of History in Late Nineteenth Century England, in Neil McKendrick (ed.), *Historical Perspectives: Studies in English Thought*, 1974.

Burrow, J.W., *A Liberal Descent; Victorian Historians on the English Past*, Cambridge, 1987.

Campbell, James, *The Anglo-Saxon State*, 2000.

Campbell, R.H.& Skinner, A.S., *Adam Smith*, 1982.

Chamberlayne, E., *The Present State of England*, 19th impression, 1700.

Cocks, Raymond J.C., *Sir Henry Maine: A Study in Victorian Jurisprudence*, Cambridge, 1988.

Collingwood, R.G., *The Idea of History*, Oxford, 1961.

Diamond, Alan (ed.), *The Victorian Achievement of Sir Henry Maine*, Cambridge, 1991.

Durkheim, Emile, *The Division of Labour in Society* (1893), Free Press edn. New York, 1964, trans. George Simpson.

Durkheim, Emile, *Professional Ethics and Civic Morals*, 1957, trans. Cornelia Brookfield.

Elton, Geoffrey, *F.W.Maitland*, 1985.

Feaver, George A. *From Status to Contract: A Biography of Sir Henry Maine, 1822—1888*, 1969.

Fisher, H.A.L., *Frederick William Maitland*, Cambridge, 1910.

Fox, Robin, *Kinship and Marriage*, Penguin, 1967.

Fukuyama, Francis, *The End of History and the Last Man*, 1992.

Ganshoff, F.L., *Feudalism*, tr. Philip Grierson, 3rd edn., 1964.

Gellner, Ernest, *Conditions of Liberty; Civil Society and its Rivals*, 1996.

Hall, John and Jarvie, Ian (eds.), *The Social Philosophy of Ernest Gellner*, Amsterdam, 1996.

Hann, Christopher and Dunn, Elizabeth (eds.), *Civil Society, challenging Western models*, 1996.

Hay Denys, *Annalists and Historians, Western Historiography from the Eighth to the Eighteenth Centuries*, 1977.

Hazeltine, H.D., "Maitland, Frederic William", in *Encyclopedia of the Social Sciences*,

1st edn., vol. X, NewYork, 1935.

Hexter, J.H., *On Historians, Re-appraisals of some of the Makers of Modern History*, 1979.

Holt, J.C. "Foreword" to F.W.Maitland, *Domesday Book and Beyond*, new edn., Cambridge, 1987.

Hudson, John, (ed.), *The History of English Law; Centenary Essays on* "Pollock and Maitland", Oxford, 1996.

Hume, David, *Essays, Literary, Moral and Political*, n.d. c.1870; Ward, Lock & Tyler reprint of 2 vols. Octavo edn.

Kames, Lord, *Sketches of the History of Man*, Basil (Basle), 1796.

Lux, Kenneth, *Adam Smith's Mistake*, 1990.

Macfarlane, Alan, *The Family Life of Ralph Josselin; An Essay in Historical Anthropology*, Cambridge, 1970.

Macfarlane, Alan, (ed.), *The Diary of Ralph Josselin*, Oxford, 1976.

Macfarlane, Alan, *Reconstructing Historical Communities*, Cambridge, 1977.

Macfarlane, Alan, *The Origins of English Individualism*, Oxford, 1978.

Macfarlane, Alan, *A Guide to English Historical Records*, Cambridge, 1983.

Macfarlane, Alan, *Marriage and Love in England 1300—1840*, Oxford, 1986.

Macfarlane, Alan, *The Culture of Capitalism*, Oxford, 1987.

Macfarlane, Alan, *The Savage Wars of Peace: England, Japan and the Malthusian Trap*, Oxford, 1997.

Macfarlane, Alan, *The Riddle of the Modern World; liberty, wealth and equality*, 2000.

McFarlane, K.B., "Mount Maitland" in *New Statesman*, 4 June 1965.

Mandeville, Bernard, *The Fable of the Bees*, ed. Philip Harth, Penguin, 1970.

Marx, Karl, *Capital*, vol. III, Lawrence and Wishart edn. 1954.

Milsom, S.F.C. "A supremely good historian", review of G.R.Elton, *F.W.Maitland in Times Literary Supplement*, 28 Feb. 1986.

Milsom, S.F.C., "F.W.Maitland", *Proceedings of the British Academy*, LXVI (1980).

Phillipson, Nicholas, *Hume* (1989).

Plucknett, T.F.T., "Maitland's View of Law and History", *Law Quarterly Review*, vol. 67 (1951).

Popper, Karl, *The Open Society and Its Enemies*, 1966.

Radcliffe-Brown, A.R. and Forde, Daryll (eds.), African *Systems of Kinship and*

Marriage, Oxford, 1950.

Ross, Ian Simpson, *The Life of Adam Smith*, Oxford, 1995.

Rostow, Walt W., *The Stages of Economic Growth*, Cambridge, 1962.

Runciman, David, *Pluralism and the Personality of the State,* Cambridge, 1997.

Sayles, G.O., "Frederic William Maitland" in *International Encyclopedia of the Social Sciences*, 2nd edn., 1968.

Schuyler, Robert Livingstone, *Frederic William Maitland. Historian,* 1960.

Shapin, Steven, *A Social History of Truth*, Chicago, 1994.

Simpson, A.W.B., *An Introduction to the History of the Land Law*, Oxford, 1973.

Skinner, Andrew S., & Wilson, Thomas（eds.）, *Essays on Adam Smith*, Oxford, 1975.

Smith, Adam, *The Theory of Moral Sentiments*（1759）, George Bell, 1907.

Stein, Peter and Shand, John, *Legal Values in Western Society,* Edinburgh, 1974.

Surgarman, David, In the Spirit of Weber; Law, Modernity and "The Peculiarities of the English", *Institute for Legal Studies,* Working Paper, Series 2（Univ. of Wisconsin-Madison Law School）.Stubbs, William, *The Constitutional History of England*, Oxford, 1974—1978.

Thorold Rogers, J.E., *Six Centuries of Work and Wages,* 12th edn., 1917.

Tocqueville, Alexis de, *L'Ancien Regime*（1856）, tr. by M.W.Patterson, Oxford, 1956.

Veliz, Claudio, *The New World of the Gothic Fox; Culture and Economy in English and Spanish America*, California Univ. Press, 1991.

Vinogradoff, Paul, "Frederic William Maitland", *English Historical Review,*XXII, April 1907.

Vinogradoff, Paul, *Roman Law in Medieval Europe*, Oxford, 1929.

Weber, Max, *The Protestant Ethic and the Spirit of Capitalism*, 1930, tr. Talcott Parsons.

Wormald, Patrick, *The Making of English Law: King Alfred to the Twelfth Century*, vol. I, Oxford, 1999.

Wrigley, E.A. *Peoples, Cities and Wealth; the Transformation of Traditional Society,* Oxford, 1992.

译后记

生活在全球化世界的当代人有一个基本体验，即我们日常所思与所用大体上仍然处于 1500 年以来的“地理大发现秩序”之中，现代性与现代社会由此获得奠基与锻造。然而，从事“地理大发现”与近代全球殖民的国家很多，为什么只有英国带来了一个真正的“日不落帝国”并在其最终撤出殖民地体系之后能留下长远的观念性与制度性影响，而英语、普通法和跨国金融体系依然是全球治理的内在骨架？对被殖民地区而言，离得开的是英帝国的直接宗主权，离不开的是英帝国留下的文化与制度。也因此，虽然“日不落帝国”已经历史性解体，但一个生机勃勃的“普通法世界”或“普通法帝国”依然活跃。作为一国两制领域的青年宪法学者，我对香港制度的英国渊源感受颇深，也常常生发出探其源头的冲动，想看一看塑造了当代世界体系的英国现代性到底是怎么发生的。

某种意义上作为其帝国变体和理念继承者的美国，也仍然在相当大的程度上继续释放着英国现代性的原初价值与活力。美国宪法学界的布鲁斯·阿克曼试图通过《我们人民》三部曲建构一种美国宪法的“整体主义”与“民族主义”叙事，努力构造出“人民主权”这一欧陆公法概念在美国宪制体系中的实证形式与政治正当程序，赋予其政治宪法理论以“二元民主”的类型学标识。然而，更早期的美国宪法思想家麦基文却在《美国革命的宪法观》（1924年版）中努力寻求美国革命的“非民族主义”根源，寻求在英国普通法与古代宪法框架中重新解释美国革命。麦基文的学术努力似乎更为可信及可贵，客观承认了美国传统背后的英国文明根基，也同时承认了英国现代性的独特性和原创性。因此，理解现代世界，美国可能只是表象与实践，甚至也包括某些理念与制度创新，就原型框架而言，英国无疑是唯一的，是无法绕开的。不仅是英国与欧陆的比较，也包括英美之间的内在比较，赋予了英国学者以深刻而连续的文化及理论自信。

艾伦·麦克法兰的这本精致无比的思想史小书《梅特兰与现代世界的诞生》恰好满足了我的这种历史探源的好奇。与麦克法兰教授初识于2014年秋季的深圳学术年会。当时我在香港大学法律学院从事高级访问学者（Leslie Wright Fellow）的研究工作，主题是香港政改的法理基础。从事学术年会筹备工作的魏甫华先生特邀我作为麦克法兰教授主题演讲的评议人。教授当时的演讲题目是《普通法与现代法治》。我欣然应允，在学习教授的讲稿提纲以及现场聆听过程中，为其广博的法律史知识及一以贯之的英国现代性逻辑所折服。作为一个熟知东方文化的英国人，教授的许多自信而严谨的分析及结论既给我带来了一种智识上的愉悦和收获，同时也隐隐刺激到了我的民族自尊心和学术上辩驳的欲望。

就像教授热爱自己的民族文化并基于历史学者的责任感而不断回溯重建整体统一的“英格兰史观”一样，我也深爱自己的民族文化并对中华文明的内在普遍性和超越性保持一种类似“信仰”的执着。因此，在学术评议时，我在充分肯定教授之法律史研究成就的同时，也试图用一种接近“法律东方主义”的反驳逻辑提出某些商榷，并对普通法内部的技术性概念展开适当的延伸讨论。教授对我的评议评价很高，晚宴时继续进行了交流，问题甚至触及了“苏格兰独立公投”及英国国家认同等结构性问题。当时我就预感到某种“麦克法兰热”有可能在中国学术圈兴起。果不其然，教授后来应邀多次来华讲学，担任多家著名大学的名誉教授，也将其“英格兰现代性”的独特思想更加全面细致地带入中国对西方现代化的学术研究脉络之中。

事后我有意检索了教授的生平经历，感受到其对东西方文化的某种独特情感及融贯性理解。教授 1941 年出生于印度西隆（Shillong），这是印度东北部的一个城市，是梅加拉亚邦首府。当时的印度仍是英国殖民地，而且中国远征军余部曾入印受训，中美英在南亚形成了抗击日本法西斯的国际统一战线。当然，孩提时代的麦克法兰未必充分感受到当时印度所处的殖民、帝国、第二次世界大战及民族解放复杂交织的状况，但在印度的早期经历必然对其理解东方文化构成某种“人类学”式的前设。但教授的教育经历却是英国精英教育的典型，他相继在牛津大学、伦敦政治经济学院和伦敦大学完成历史学和人类学的学术训练并获得博士学位。作为一名专业化的历史学家和人类学家，他在喜马拉雅山区（尼泊尔和阿萨姆）做过长达 30 年的田野研究，也曾在 1990 年作为英国文化协会的访问学者到访日本的北海道大学，并由此对日本现代化尤其是福泽谕吉思想产生浓厚兴趣。麦克法兰教授分别将梅特兰和福泽谕吉作为东西方现代化思想的典型代表加以处理，其成果就是2002年由帕尔格雷夫（Palgrave）公司出版的《现代世界的形成：东西方观察》一书，本书即是从中抽取出关于梅特兰的若干章节并适当扩展而成。即便教授特别凸显梅特兰之英格兰法律史研究的独一无二以及梅特兰关于英格兰现代性的独特诠释，但在该书结尾仍然专门提到了日本现代化思想与发展过程跟英格兰现代性的某种结构性契合。从印度到尼泊尔到日本再到中国，麦克法兰教授的"人类学家"足迹越来越多地深入东方文明的腹地。然而，统观教授的东方田野工作及研究布局，似乎对中国传统文化及中国现代化过程仍然缺乏较为完备的聚焦和同情性理解。似乎，即便中国作为四大文明古国之一，而今已成为引领新一轮全球化和全球治理的负责任大国，但在教授的"人类学"视野中，中国与严格的西方现代性之间的差异仍然可观，中国与西方的价值兼容及相互理解并不容易。

教授的学术训练及专业著述非常开阔，影响极大。他是英国科学院（British Academy）与欧洲科学院（Academia Europaea）院士、皇家人类学会（RAI）名誉副会长及皇家历史学会研究员。他著有关于英国、尼泊尔、日本及中国人类学及历史研究专著20余部，被翻译成多国文字传播，如《玻璃的世界》《都铎和斯图亚特王朝英国的巫术》《英国个人主义的起源》《资本主义文化》和《绿色的金子：茶叶帝国》等。在中文世界，教授的多部著作以及来华演讲录也已陆续被翻译出版，尤其是2008年出版的中文译著《英国个人主义的起源》

最具学术代表性。这些著述对于中国人而言是深度阅读和理解西方尤其是英国现代性奥秘的重要门径。西方有一种乐观的说法是，我们生活在一个“英格兰发明”（Invented in England）的世界之中，虽有夸张，但环顾周遭事实，也有不得不叹服之处。即便我们基于中国民族自尊心和民族复兴的宏大志向，也需要首先透彻理解一个并未真正过时的、留有诸多成功遗产的“全球化民族”到底是怎样筚路蓝缕、矢志不渝、终成事功的。因此，麦克法兰教授的系列研究，尤其是对英格兰现代性的深厚历史研究及其基本乐观的本土性结论，不应该构成我们东方人阅读的障碍，而恰恰应当成为“知己知彼”的良药。

教授之学术成就，固然有其精英化的学术背景及个人的勤勉智慧，也与其背靠正确而深厚的学术传统相关。以本书为例，我们仿佛看到麦克法兰背后的梅特兰身影，又仿佛进一步看到梅特兰身后重叠着孟德斯鸠、亚当·斯密及托克维尔的多重身影。本书是麦克法兰为梅特兰撰写的一部学术思想传记，当然也是麦克法兰之法律史方法论与基本思想来源的夫子自道。毫无疑问，我们从麦克法兰的田野调查方法和经历中能够看到梅特兰的影响痕迹。而本书实际聚焦的则是一个真正“石破天惊”的大问题，即英格兰现代性的独特体系到底是怎么形成的？关于西方现代性，有许多“成品”（product），美国似乎是一个最完美的“成品”，法国与德国的“成品化”则经历了法国大革命、第一次世界大战与第二次世界大战等复杂的革命与战争锻造及来自英美传统的有力渗透和规训。若论及“原型”（origin），则唯有英格兰。本书就是麦克法兰借助梅特兰的思想世界而对英格兰现代性历史的创造性重构。当然，这一重构工作，麦克法兰在思想性上保持了高度敬畏，而在方法论上保持了极度克制，尽量避免先入为主和空乏议论，而是严格从“内部”阅读梅特兰，“以梅特兰为方法”，借助梅特兰的完整文献及文献中的“原汁原味”来重构英格兰现代性。麦克法兰在书中多次提到，梅特兰英才早逝，留有学术遗憾，但在英格兰法与英格兰现代性的研究上取得了开创性进展，有效验证并扩展了孟德斯鸠、亚当·斯密及托克维尔等学术先贤的早期理论猜想，构成了一种更为完备的英格兰现代性思想框架。麦克法兰所做的学术推进工作大体上是在梅特兰的既定思想框架内作进一步的材料验证、思路澄清与理论修正。这一敬畏而有创新的学术工作姿态神似梅特兰的再现，而这种学术传统内的代际传承精神也许正是英格兰现代性之韧性与创造性的重要源泉。

本书正文共有十章，递进式地处理英格兰现代性的历史重构问题。关于英国法律史及英格兰现代性，曾有不同的理论模式。关于英格兰现代性与欧陆现代性包括罗马法的关系，也有不同的解释框架。麦克法兰笔下的梅特兰走了一条独特的“法律史档案学”的道路，通过对法律历史档案的跨世纪收集与聚焦样本地区的整全性研究，解剖历史“麻雀”，重构文明叙事。在梅特兰的视野中，任何诉诸“普遍历史”观念的单线进化论都有根本缺陷，都难以经受实证档案的检验，尤其是难以符合英格兰现代性的独特要求。梅因有“从身份到契约”的法律进化论，但梅特兰正确反驳了他，给出了英格兰法律史上“身份”与“契约”的并置证据。梅特兰还进一步论证了诺曼人征服之前的盎格鲁－撒克逊时期已经存在英格兰现代性的某些关键性要素和起源，而诺曼人征服并未实质性、结构性改变英格兰本已连续且坚韧的封建制结构和法律框架。当然，梅特兰也正确肯定了诺曼王权建构对英格兰习惯法之“普通法化”的推进意义，肯定了统一王权对于英格兰自由的保护以及对地方领主权力的结构性抑制与驯化。梅特兰还追踪了英格兰法的日耳曼渊源。但从英格兰法的档案史重构中，我们也看到了英国法律史学家对“罗马法”的严格拒斥，对欧陆法律影响的深刻质疑，以及对欧陆专制主义的隔岸观火。本书中，麦克法兰通过梅特兰的论述线索，一一剥离了曾经附着在英国法律史上的各种欧陆尤其是罗马法的“胎记”，不断还原及重构出一种真正具有“独特性”的英格兰法和英格兰现代性。

本书在中间部分聚焦关于封建土地财产制、亲属关系及王权普遍管辖的论述，也呈现了这些建制权力范畴内英格兰“个人主义”的坚韧性格和连续性发展。麦克法兰特别关注所谓的“法律体系分野”问题，即英格兰是从什么时刻以什么方式和欧陆邻国走上不同道路的。因为，毕竟英格兰与欧陆分享诸多相似的观念和法律渊源，故体系性差异如何产生就是必须回答的关键性问题。从第七章开始，麦克法兰聚焦到梅特兰对“信托”（trust）的考察与分析，认为这是解析英格兰现代性谜题的钥匙。信托实现了在个人与国家之间的巧妙平衡，实现了普遍而多元的自由结社，抑制了欧陆出现的极端个人主义与极端国家主义的“两极化之恶”。梅特兰提醒我们，孤立的个人面对强大的国家，乃是现代性“极权化”的危险条件。麦克法兰高度认同这一点，托克维尔也多次强调自由结社的宪制重要性。这种结社必须是真正多元和自由的，是基于契约而兼具平等身份关系的，不能沦为无政府主义的“黑帮”，也不能沦为国家主义的“附庸”。所谓的“法团主义”绝非自由结社的正常状态。当然，梅特兰告诉我们，这种信托制度来自英格兰衡平法，不是罗马法上的用益权制度，而是英格兰遗产继承制倒逼的产物，受到了当时日益独立之司法体系的承认和保护。信托带来了社会的有机结社和团结，带来了真正雄厚的公民社会建制，带来了可以充分节制王权专制并推动社会自主治理的政治现代性。在麦克法兰及梅特兰看来，自由市场依赖于资本，自由政治则依赖于信托。恰恰是欧洲大陆缺乏这样的信托观念与制度，基尔克声称不理解这种信托，而欧陆的各种社团受到国家控制和制约，个体缺乏自由结社的保护与支持，国家主义在罗马法成文主义引导下日益加强对全社会的制度性渗透与控制。

在本书最后两章中，麦克法兰总结了梅特兰去世后一百年间西方学术界对梅特兰学术地位与具体理论的评价史与修正史，总体上是以肯定为主，即便有所修正也主要是技术性层面的材料补充或结论调整。麦克法兰也进一步分析了信托的泛化影响，包括基于“信任”的政治代议制、政治与宗教自由的扩展、学术自由的保障、广泛的非财产性结社与不断增厚的公民社会资本。在麦克法兰眼中，梅特兰所呈现的英格兰法律世界不仅是独特的，而且是现实的，更是可持续的。这一点似乎可以确证从梅特兰到麦克法兰，都有着对英格兰文明的深刻的“四个自信”（道路自信、理论自信、制度自信和文化自信），也都有着柏克式的保守自由主义心智与责任伦理。这是可贵的，也是值得学习和坚守的。麦克法兰通过梅特兰的思想个案，给我们呈现的远不止是英格兰现代性的独特史观，更是一种以“独特性”表现出来的普遍主义和文明优越论。我们或可据此理解约翰逊政府“全球英国”计划背后的历史基础和观念渊源。尽管麦克法兰本身是基于学术规范推导出“英格兰正确性”的，但一种经由英国精英教育及西方现代性制度体系熏陶而成的“规范心智”必然构成某种前设，亦即“自信”构成“学术”的某种前提与背景。历史研究不可能纯粹客观，“一切历史都是当代史”，一切历史也都有特定民族性的背景规范，因此我们不必苛责麦克法兰，也不必懊恼沮丧于中国似乎仍处于“世界历史之外”（黑格尔），重要的是我们自身是否有能力学通吃透从梅特兰到麦克法兰的“历史科学”甚至“历史哲学”方法，构建一种基于客观史料和民族价值背景的普遍主义叙事。唯有这种叙事在学理上真正成立，中华民族的“全球化观”才可能真正成熟，人类命运共同体才有坚实的规范性基础。

这是一本不可小觑的思想史佳作，不仅仅因为是梅特兰，也不仅仅因为是麦克法兰，还因为牵涉到中国走向世界及引领新一轮全球化的“独特而普遍”之史观与思想体系建构的大问题。麦克法兰通过梅特兰个案向我们昭示的，绝不仅仅是英格兰法律史研究的具体学术结论，还是历史科学的方法论及文明自主性叙事的宏观规范结构。也因此，我个人也需要再次向麦克法兰教授致敬，并暗暗定下属于我们自己及时代的学术思想志向。希望本书的译介也能带给学界及国人恰当的教诲和激励！

田飞龙
2021 年 1 月 10 日晚
于北航高研院办公室